¡Imagínate!

Managing Conversations in Spanish

THIRD EDITION

Kenneth Chastain
Professor Emeritus, *University of Virginia*

Gail Guntermann
Arizona State University

Claire Kramsch, Series Editor
University of California at Berkeley

THOMSON
HEINLE

Australia • Canada • Mexico • Singapore • United Kingdom • United States

THOMSON
HEINLE

¡Imagínate! Managing Conversations in Spanish
Third Edition
Chastain, Guntermann

Publisher: *Janet Dracksdorf*
Acquisitions Editor: *Helen Richardson*
Editorial Assistant: *Ignacio Ortiz-Monasterio*
Associate Production Editor: *Diana Baczynskyj*
Director of HED Marketing: *Lisa Kimball*
Manufacturing Supervisor: *Marcia Locke*
Compositor: *Pre-Press Company, Inc.*

Cover Art: *T. Watson Boggard*

Project Manager: *Bob Caceres*
Photo Manager: *Sheri Blaney*
Photo Researcher: *Lauretta Surprenant*
Illustrator: *Len Shalansky*
Text Designer: *Julie Gecha*
Cover Designer: *Gina Petti / Rotunda*
Printer: *Webcom*

Printed in Canada.
1 2 3 4 5 6 7 8 9 10 06 05 04 03

For more information contact Heinle, 25 Thomson Place, Boston, Massachusetts 02210 USA, or you can visit our Internet site at http://www.heinle.com

0-8384-1641-1 (Student Edition with audio CD)

Library of Congress Cataloging-in-Publication Data

Chastain, Kenneth
¡Imagínate!: Managing Conversations in Spanish / Kenneth Chastain, Gail Guntermann.
p. cm.
ISBN 0-8384-1641-1
1. Spanish language—Conversation and phrase books—English. I. Guntermann, C. Gail. II. Title.

PC4121.C38 2003
468.3'421—dc22

2003056604

To the Student

One of the goals of ***¡Imagínate!*** is to demonstrate to you that you know more Spanish than you think you do. In doing the activities, you should first draw on the words and structures that you already know. To the degree that you can reactivate this vocabulary and this grammatical knowledge, you will make great strides in developing your functional Spanish skills. You also may want to have access to a dictionary; in fact, we recommend that you form the habit of using two dictionaries—a Spanish-English dictionary to locate the word you need and an all-Spanish dictionary to verify the exact meaning and usage of that word.

Obviously, the major part of a listening and conversation course is the work you do preparing for class and participating in the class activities. You should anticipate the class activities and prepare carefully to be an active participant in each. Remember that if you want to develop conversation skills, you must practice them at every opportunity. To receive the greatest benefit from the activities in ***¡Imagínate!***, work through the pre-listening activities, listen to the conversations, and prepare for the post-listening classroom activities. To the extent that you take these activities seriously, your participation in class will be that much easier and your progress will be that much greater.

Remember the one undeniable principle of learning: We learn to do what we do. If you want to learn to communicate in Spanish, you must communicate in Spanish, improving each and every day.

The conversations you will hear on your student CD represent spontaneous and authentic interactions among native Spanish speakers. One of your major challenges will be to learn to adjust to the staccato rhythm of Spanish, which makes the language sound very fast to the ear of an English speaker. In addition, you must remember that in oral speech, as opposed to written language, native speakers in any language run their words together, leaving clear separations only between groups of words. Consequently, in the beginning you will probably understand only small portions of each conversation the first time you listen to it. *Do not become frustrated!* Listen to the conversation several times, following the sequence of the activities given in the text.

The pre-listening, listening, and post-listening activities will help you to understand as much as necessary in order to comprehend the message, the goal of listening. Keep in mind that you do not need to understand every word to get the idea of the conversations. Gradually, with patience, practice, and realistic expectations, your language ear will adjust, and your comprehension skills will surely improve.

Kenneth Chastain
Gail Guntermann

Acknowledgments

We would like to acknowledge gratefully the contributions of the series editor, Claire Kramsch, as well as Renate Schulz, Constance K. Knop, and the following reviewers:

Third Edition Reviewers:

Jessie Carduner, *Kent State University*
Eileen Glisan, *Indiana University of Pennsylvania*
Julie Kruger, *University of Wyoming*
Lydia Masanet, *Mercer University*
Leticia McGrath, *Georgia Southern University*
Julie Sellers, *University of Wyoming*
Sixto E. Torres, *Appalachian State University*

Second Edition Reviewers:

Alex Binkowski, *University of Illinois*
Ed Brown, *University of Kentucky*
Baltasar Fra-Molinero, *Indiana University*
John Gutiérrez, *University of Mississippi*
Nancy Schnurr, *Washington University*
Greg Stone, *Memphis State University*

First Edition Reviewers:

Jack S. Bailey, *The University of Texas at El Paso*
David A. Bedford
Elaine Fuller Carter, *St. Cloud University*
Raquel Halty, *Simmons College*
Martha Marks
Donald Rice, *Hamline University*
Stephen Sadow, *Northeastern University*
Bill VanPatten, *University of Illinois*

Contenido

CAPÍTULO PRELIMINAR

Introduction to Conversational Strategies and Listening Comprehension

Throwing and Catching the Ball

Conversemos

You can do it!

Conversation is like a ball game. A good player knows how to put the ball in play, how to catch it, how and in which direction to throw it, how to keep it within bounds, and how to anticipate the other players' moves. These strategies are at least as important as having the right ball and the right equipment. We use similar strategies when carrying on a conversation.

What do you think about your ability to play the conversation game? You might think you don't have enough vocabulary. You might feel your grammar is too weak. So you don't know exactly what to say? Rest assured that most second-language learners feel the same way. But that shouldn't prevent you from playing the conversation game. What you need are communication strategies. They help native speakers and non-native speakers alike to communicate in real life. And they also help non-native speakers to acquire the language better.

Don't be hesitant; jump right in and play the game. Remember that you can get others to talk by asking for clarification or offering interpretations of things they say; you can build on what others say; and you can buy time to think of other ways of getting your ideas across. You can communicate effectively in Spanish!

Your effort to communicate will improve your conversation skills, especially in the Spanish-speaking world. Native speakers appreciate your efforts to speak their language with them, and they respond by helping you to express yourself. Keep trying, and you will be surprised at what you can do and you will be pleased with all that you will learn.

Strategies

¡Imagínate! will help you learn to use in Spanish many of the strategies for conversational management that you use in English. Not only will they help you to converse, but you will notice that they actually help you to acquire the language, as you use them to understand and be understood.

Since you may not be aware of all that you do in English, let's begin by reviewing a few of the techniques that are used in any language to initiate, maintain, and terminate conversations.

NONVERBAL COMMUNICATION

Much of the meaning that we receive and express is communicated in the form of gestures and body language.

Gestures

P-1 With a classmate, describe and demonstrate the gestures that English speakers use to express the following ideas.

> **ejemplo:**
> I'm hungry.
> We often rub or pat our stomachs and try to look weak and hungry.

1. I'm thirsty.

____

____

2. I'm angry.

____

____

3. I don't know.

____

____

4. That's perfect.

____

____

5. I'm cold.

____

____

6. Come here.

____

____

7. Good-bye.

____

____

P-2 Now here are some gestures from the Hispanic world. But be careful—there are differences even among Spanish-speaking countries. What is an acceptable gesture in one country may be indecent in another.

Ven acá.

Adiós. Hasta luego.

¡Ojo!

¿Qué sé yo?

Carlos es muy tacaño.

¿Quieres tomar algo?

Body Language

P-3 How would you interpret the attitudes of the following people? Check with a classmate to see if he or she perceives them in the same way.

1.

2.

3.

4.

5.

Now compare your interpretations to the following:

In Hispanic cultures, when others are present, the person in the first picture might be seen as sloppy, lazy, and not very interested in other people.

The second person's behavior is completely unacceptable in most of the Hispanic world. In their culture people should keep their shoes on and their feet off tables!

Unless he is playing tennis or at the beach, the third person may be out of place in his shorts in public—or he may be a tourist!

The fourth person may seem to us honest, open, and alert. To others she may appear to be overly aggressive, even challenging. In many cultures people are taught to avert their eyes, especially when talking to someone older or of higher social standing.

In the fifth picture two young women are friends and acquaintances. This is an appropriate greeting. Does it make you feel uncomfortable? How do girls in your locale greet each other?

RESPONDING TO OTHER SPEAKERS

When we add verbal language into the conversational mix, interaction becomes even more interesting and complex. First, we need to participate actively. If that becomes difficult in a foreign language, there are strategies that we can use to arrive at a clear understanding.

Showing Attention

P-4 Have you ever spoken to someone who showed no response at all? How did you interpret this? To keep a conversation going, it is necessary to react to what other people say. With one or two classmates, decide on reactions in English and in Spanish to each of the following situations. What do we say when we hear such information? What do we do?

1. showing surprise: **Tu profesor(a) es en realidad espía.**

   You say: ____

   ____

   You do: ____

   ____

En español

¡Imagínese! (¡Imagínate!)	*Imagine that!*
¡No me diga(s)!	*You don't say!*
¡Qué sorpresa!	*What a surprise!*
¡Qué cosa!	*Wow, really!*
¡No puede ser!	*It can't be!*

2. showing interest: **Me dijeron que la universidad va a abrir un nuevo centro de estudios en Alicante, en la costa del Mediterráneo, en España.**

   You say: ____

   ____

   You do: ____

   ____

En español

Ah, ¿de veras?	*Oh, really?*
No sabía eso.	*I didn't know that.*
Ah, sí, es cierto.	*Oh, yes, that's right.*
¡Qué interesante!	*How interesting!*
¡Buena idea!	*Good idea!*
¡Magnífico!	*Wonderful!*

3. showing agreement: **Los estadounidenses deben aprender más lenguas extranjeras.**

You say: ______________________________

____

You do: ______________________________

____

En español

Es cierto.	*That's right.*
Sí, es verdad.	*Yes, that's true.*
Sí, tiene(s) razón.	*Yes, you're right.*
Estoy de acuerdo.	*I agree.*

4. showing doubt: **Los estadounidenses no quieren saber nada de los otros países del mundo.**

You say: ______________________________

____

You do: ______________________________

____

En español	
Bueno...	*Well . . .*
Mmmm, no sé...	*Hmmm, I don't know . . .*
Quizás, pero...	*Maybe, but . . .*
Depende...	*That depends . . .*

P-5 Now, decide what you could say to the following statements to keep the conversation going. Then compare your responses to those of a group of classmates.

1. ¿Sabes qué? Hoy es el cumpleaños del (de la) profesor(a). Cumple sesenta años.

   ____

2. Van a bajar el costo de la matrícula el próximo semestre.

   ____

3. Mi perrito está enfermo. Esta mañana tuve que llevarlo al veterinario.

   ____

4. La comida mexicana siempre es demasiado picante.

   ____

5. Las guerras a veces son necesarias para mantener la paz.

   ____

UNDERSTANDING AND MAKING YOURSELF UNDERSTOOD

P-6 In order to keep the conversation going, it is important to comprehend what others say and be understood yourself. Here are some strategies you can use to keep the ball rolling.

1. You can ask for clarification: Otra persona dice: **Para llegar al Cine Rex, subes aquí en el autobús número 115, y le dices al chofer que te deje en la Farmacia El Hogar. Al bajar, doblas a la derecha frente a la Iglesia Santa Teresa y caminas 300 metros. Doblas entonces a la izquierda y subes hasta el Parque Colón, y luego...**

You say: ____

____

You do: ____

____

En español

Ay, no entiendo.	*Yipes, I don't understand.*
¿Cómo? ¿Qué dice(s)?	*What? What are you saying?*
¿Qué quiere decir...? / **¿Qué significa...?**	*What does . . . mean?*
¿Qué significa eso?	*What does that mean?*
¿Quiere(s) decir que...?	*Do you mean that . . . ?*
No sé si comprendo bien.	*I don't know if I really understand.*
¿Qué quiere(s) decir, exactamente?	*What do you mean, exactly?*
¿Repita, por favor?	*Will you repeat that, please?*
¿Me lo puede explicar un poco más, por favor?	*Will you explain that a little more, please?*

2. You can paraphrase to check meaning: Otra persona dice: **Me encanta España; pasé un mes allí y fue desagradable.**

You say: ____

____

You do: ____

____

En español

A ver si comprendo bien.	*Let's see if I understand right.*
¿Está(s) diciendo que...?	*Are you saying that . . . ?*
Me parece que quiere(s) decir que...	*I think you mean . . .*
Si no me equivoco está(s) diciendo que...	*If I'm not mistaken, you're saying that . . .*

3. You can clarify for others: Otra persona dice: **¡No comprendo lo que dices! Ayúdame, por favor.**

You say: ____

____

You do: ____

____

En español

Déjame explicar.	*Let me explain.*
En otros términos...	*In other words . . .*
Quiero decir que...	*I mean . . .*
Es decir...	*That is to say . . .*

4. You can find another way to say something when you can't think of a word or expression (circumlocution): **Tú quieres decir en español,** "When we were children, we played hide-and-seek," **pero no sabes cómo se llama el juego.**

You say: ____

____

You do: ____

____

En español

Ay, ¿cómo es que se llama?	*Oh, how is it that you say that?*
Bueno, no recuerdo cómo se dice, pero es...	*Well, I don't remember how you say it, but it's . . .*
Ah, usted sabe (tú sabes), es esa cosa (persona) que...	*Oh, you know, it's that thing (person) that . . .*
No puedo explicarlo, pero...	*I can't explain it, but . . .*

5. Now, decide on two or three possible responses to your friend in the following situation: You and he are preparing a dinner for several others, and your friend says, **"Oye, tráeme una chofeta, por favor"**. (You don't have access to your dictionary at the moment.)

Your possible responses:

6. Now you need to ask him if he has a potato peeler, but you don't know the word for it in Spanish:

GETTING YOUR FOOT IN THE DOOR

Who is to blame for this situation, the man or the woman? Perhaps both, but to avoid being seen as not very interesting, the man should speak up and participate; interrupting is not usually seen as impolite in friendly conversation.

"TE DEJARÍA HABLAR MÁS, PERO CREO QUE YO SOY MUCHO MÁS INTERESANTE QUE TÚ"

P-7 What would you and your classmates do and say in English and in Spanish in the following situations?

1. The person who is talking hesitates a moment: **Es cierto que necesitamos dedicar más recursos al mejoramiento de la educación en este país. Yo estoy en contra de aumentar los impuestos, pero, pues, este...**

   You say:

En español

Sí, pero creo que...	*Yes, but I think . . .*
Sí, y...	*Yes, and . . .*
Pero me pregunto si...	*But I wonder if . . .*
Ah, sí. También,...	*Oh, yes. Also, . . .*
No, pero...	*No, but . . .*

2. The person who is talking keeps chattering without taking a breath: **Bueno, en ese caso, lo que pienso yo es que no se puede aceptar una idea tan ridícula, yo siempre —tú me conoces bien, tú sabes como soy yo, yo digo la verdad como es y me gusta bla bla bla...**

You say: ____

____

(Again, you can step right in and interrupt if you are talking to someone whom you would address as **tú**. Interrupting is a normal part of conversation in much of the world as it shows interest and a desire to participate. You need not wait for a pause in the conversation.)

En español

Sí, pero un momento...	*Yes, but just a minute . . .*
No, pero, mire(a)...	*No, but look, . . .*
Tengo que decir una cosa.	*I have to say one thing.*
Bueno, bueno,...	*Well, good, . . . (OK, OK.)*
Quiero decir algo.	*I want to say something.*
Pero déjeme (déjame) decir... **Pero permítame (permíteme) decir...**	*But let me say . . .*
Mire(a), yo digo que...	*Look, I say that . . .*
Ah, y también...	*Oh, and also . . .*
No diga(s) eso. Yo creo que...	*Don't say that! I think . . .*

3. The other person goes on talking and changes the topic in the process, but you want to comment on something he or she said earlier: **Sí, estoy de acuerdo, porque no es justo que un profesor le niegue al estudiante enfermo que tome el examen. Pero debes conocer a mi profe de biología, que es un verdadero tirano, y...**

You say: ____

____

En español

Volviendo al tema de..., quiero decir que...	*Going back to the topic of . . . , I want to say that . . .*
Quisiera volver a lo que dijo (dijiste) antes...	*I want to go back to what you said before, . . .*
Volviendo a lo que dijo (dijiste) antes,...	*Going back to what you said before, . . .*
Pero volviendo al otro tema...	*But to go back to the other topic . . .*

KEEPING THE FLOOR

In addition to talking louder and faster, how do we keep the floor long enough to finish what we want to say?

P-8 Discuss what you might do in English and Spanish to accomplish the following.

1. hesitating

We say: ______________________________

____

En español

Eh...	*Umm . . .*
Y este...	*And uh . . .*
Y, ¿cómo era?	*And, how was that?*
Y, usted sabe (tú sabes)...	*And you know . . .*
Es decir,...	*That is to say, . . .*
Y, bien,...	*And, well, . . .*
Pues...	*Well . . .*
Es que...	*It's just that . . .*
Y en fin...	*And so . . .*

2. buying time

We say: ______________________________

____

En español

Un momento...	*Just a minute . . .*
Espere (Espera)...	*Wait . . .*
Déjeme (Déjame) pensar (ver)...	*Let me think (see).*
Y... ¿cómo se llama,...?	*And . . . What's it called . . . ?*

3. asking for help

We say: ____

____

En español

Ayúdeme (Ayúdame).	*Help me.*
¿Cómo se dice...?	*How do you say . . . ?*
¿Cómo era?	*How was that?*
¿Entiende(s)?/¿Comprende(s)?	*Do you understand?*

4. expanding a point

We say: ____

____

En español

Y también...	*And also . . .*
Y además...	*And besides . . .*
Y quisiera agregar (añadir) que...	*And I'd like to add that . . .*
Y, ¿qué más? Pues,...	*And what else? Well . . .*
¡Ah! Y también...	*Oh! And also . . .*

P-9 Now tell a classmate about the most exciting event of your last vacation. Keep talking so she (he) can't interrupt before you have finished sharing your story.

ENCOURAGING OTHERS TO PARTICIPATE

What about the quiet person who doesn't participate? In some Spanish-speaking circles, the strong, silent type is not admired; such behavior is seen as antisocial.

P-10 How do we encourage others to get involved? One thing we can *do* is to look at the person and wait for him or her to say something. In addition, what can we *say*?

1. asking for an opinion or information

We say: ____

____

En español

¿Y usted (tú), Diego?	*And you, Diego?*
Y, ¿qué piensa usted (piensas tú), Diego?	*And what do you think, Diego?*
Diego, creo que dijo (dijiste) una vez que...	*Diego, I think you said once that . . .*

2. pointing out a person's expertise

We say: ____

____

En español

Ana sabe mucho de eso, ¿verdad, Ana?	*Ana knows a lot about that, right, Ana?*
Algo semejante le pasó a Ana, ¿no, Ana?	*Something similar happened to Ana, right, Ana?*

Práctica

P-11 Study the following conversations. What do you and your classmates think the *italicized* phrases mean? What is the purpose of each? Discuss them and compare your opinions.

1. — *¡No me vas a creer! ¿Sabes lo que me pasó?*
   — *¿Qué te pasó?*
   — Estaba leyendo tranquilamente en la sala cuando entró papá y me acusó de haber chocado el auto contra el muro esta mañana... Dijo que el carro está arruinado.
   — *¡No me digas!*
   — Sí, y lo peor es que él piensa que fui yo...
   — *¿Me estás diciendo que* no lo hiciste?

2. — Descríbeme tu familia, por favor.
— *Bueno,...* Tengo tres hermanos y mis padres. Todos viven juntos en Idaho. También tengo muchísimos ah... *un momento, no me digas la palabra...* ¡primos!

3. — Les voy a explicar cómo preparar arroz con pollo. Primero, hay que tener listos los *ah,... este... ¿Cómo se dice?*
— *¿Los ingredientes?*
— Sí, gracias. Se necesitan, por supuesto, arroz y pollo... y también... *ah, no sé cómo se llama, pero es una especia amarilla que se usa mucho en España.*
— ¿Azafrán?
— Ah, sí, claro.

4. — Marcos no me prestó atención ayer. Me puse el vestido nuevo y a cada rato le dirigí la palabra, pero... *en fin,* ese hombre es un tonto. Pero *te voy a contar lo que me pasó ayer. Fíjate que* yo apenas había llegado al trabajo cuando la loca de Mercedes me dice que...
— *Pero espera un momento. Volviendo al tema de Marcos,* estoy de acuerdo con lo que dijiste. No debes perder el tiempo...

5. — Ven, hijo, come las espinacas. Son muy buenas para la salud. Te darán mucha energía y...
— *¡Ay, mamá,* no me gustan! Las odio. ¡Qué asco! Huelen mal y saben mal y...
— *Muy bien, muy bien.* ¿Qué tal un poco de helado después?
— *Claro, cómo no,* mami. Dame mucho.

SITUACIONES

P-12 For each of the following situations, choose at least one Spanish expression from this chapter that you could use. Discuss the possibilities with one or two classmates.

1. A friend of yours is telling you about something that he (she) saw today, but he (she) can't think of a word that he (she) needs.

2. You are telling the class how to do something that you know how to do very well, but a key word slips your mind.

3. Your friend is informing you about something that you really need to know, but he (she) loses his (her) train of thought.

4. You are excitedly talking about what happened to a dear friend of yours. You want to be listened to, and you don't want to be interrupted. Someone else seems about to jump in.

5. Someone just said something that you were about to say, and you wish to add a point.

6. A classmate of yours corners you before class and talks steadily about something that doesn't interest you. You need to ask her (him) a question about the assignment before the instructor arrives.

P-13 Now that you have several strategies you can use to keep a conversation going, think of something about yourself that you don't mind sharing with a group of classmates. As each of you shares something about yourself, the others will respond using an expression from this chapter.

> **ejemplo:**
> —Yo toco el piano.
> —¡Qué bueno! Vamos a cantar.

Throughout this book you will continue to learn more about managing different kinds of conversations. The expressions that you have practiced here should be useful in all sorts of situations. Keep them in mind as you deal with the topics of the other chapters, and return to review these introductory pages whenever it is necessary.

Escuchemos

A major purpose of *¡Imagínate!* is to help you learn to understand what people say in Spanish when they speak at natural speed and to help you use expressions that are manipulated by native speakers to manage conversations effectively. You can understand much more than you may think at first! Here are some good strategies to use as you listen to the Audio CD and do the exercises, and as you listen to native speakers on television or radio, in the supermarket, or wherever you may hear Spanish spoken.

1. Don't expect to understand everything. It is important just to get used to hearing the language.
2. Try to see how much you *can* understand; don't worry about the parts of the conversation that are undecipherable to you. Think about what you *do* understand; often it will all come together. The parts that you understand will give you a general idea or hint at the meaning of the rest of the conversation.
3. Pay close attention to the context of the conversation at first, just as you would if you were overhearing a conversation at a nearby table in a restaurant. Who is talking? How do they seem to feel about what they are saying? What is the tone of the conversation? How formal are they being with each other? What might their relationships be? What seem to be their purposes? (For example, is one trying to convince the other? Are they planning something? Are they arguing? Is one telling a story to the other(s)?)
4. Listen to each conversation several times; you will comprehend more each time. By the time you are ready to go on to the next conversation, you will be amazed at how much you have progressed!
5. Remember that you do not have to understand every word or even every idea of each conversation. In real life, we often miss some things, even in our native language.

Track P-1

CONVERSACIÓN 1: Chismes

Antes de escuchar

P-14 In English, when we tell an anecdote about something that happened to us, what expressions do we use to get and keep our listeners' attention? What would you expect your listener to say to show interest and surprise? Make lists of what you might say and the expressions that the other person might use.

1. to get your listener's attention: *Hey, guess what happened last night.*

____

____

2. to show interest: *What? Tell me.*

____

____

3. to show surprise: *You don't say!*

____

____

4. to show sympathy: *That's too bad.*

____

____

P-15 Getting along with our friends is difficult sometimes, especially if they don't explain their actions. What would you think, and what would you do if your friend did the following things?

1. Se lleva tu ropa sin pedir permiso.

____

____

2. Te dice que te ayudará a estudiar para un examen, y luego no te ayuda.

____

____

3. Sale con tu novio(a).

____

____

4. Te invita a su apartamento para comer, pero cuando llegas, él (ella) no está.

____

____

5. Les cuenta a otros amigos una mentira sobre ti.

____

____

Escuchar

P-16 En la primera conversación, una joven le cuenta a su amigo lo que le ocurrió cuando salió a cenar con otra amiga. Escucha la conversación una vez para averiguar...

1. ¿Qué emoción siente la joven? ¿Está triste? ¿Alegre? ¿Enojada? ¿Sorprendida? ¿Confusa? ¿Agitada? ¿Se siente mal o bien?
2. ¿Cómo contesta el amigo? ¿Muestra interés? ¿Quiere ayudar, o trata de regañar (*scold*) a la muchacha?
3. ¿De quién están hablando? ¿Qué hizo ella?

P-17 Escucha tantas veces como sea necesario para averiguar si las siguientes oraciones son ciertas (C) o falsas (F).

1. La joven salió con su amiga María Luisa. C F
2. Fueron a la cafetería de la universidad para comer. C F
3. De pronto la amiga de la joven se levantó y salió corriendo. C F
4. Al día siguiente la amiga la llamó por teléfono para pedirle perdón por lo que había pasado. C F
5. Al amigo no le preocupa mucho porque cree que hay una explicación razonable. C F

P-18 Ahora escucha otra vez y escribe en inglés las siguientes expresiones, según lo que tú dirías en la misma situación.

1. Marcos, ¡lo que te tengo que contar de María Luisa!

____

____

2. A ver, cuéntame.

3. Ah, ¿sí?

4. Imagínate que...

5. ¡Qué extraño!

6. Y tú, ¿qué hiciste?

7. Ojalá que no le pase nada.

Después de escuchar

P-19 Con un(a) compañero(a), completen la siguiente conversación de una manera imaginativa. Prepárense para presentar su conversación delante de la clase.

Persona A: ¡Imagínate lo que me pasó ayer!

Persona B: ______________________________

Persona A: Pues, yo andaba solo(a) por la Calle Ocho, cuando...

Persona B: ______________________________

Persona A: Sí, y no sólo eso, sino que luego ______________________________

____

____

Persona B: ______________________________

Persona A: Pues, estoy muy ______________________________

y quiero ______________________________

Persona B: ______________________________

P-20 Formen grupos de cuatro. Cada miembro del grupo debe describir oralmente una situación familiar o entre amigos en la que una persona no entiende lo que hizo la otra persona. Los demás harán el papel de la famosa consejera Ann Landers, le explicarán el porqué de sus acciones y le darán recomendaciones. (Está bien si los tres recomiendan algo diferente.)

Track P-2

CONVERSACIÓN 2: Una reacción química

Antes de escuchar

P-21 En la segunda conversación, un profesor le explica algo a una joven, pero ella no le entiende. Para ayudarles a comprender la conversación, aquí hay algunas palabras clave. A ver si todos los estudiantes de esta clase saben definir estos términos.

¿Pueden dar ejemplos de cada palabra o usarla en una oración?

1. explicar

____

____

2. vacuna

____

____

3. sintética

____

____

4. reacción química

____

____

5. catalizador

____

____

6. sustancia

____

____

Escuchar

P-22 Ahora escucha la conversación e indica el orden de las siguientes expresiones a medida que las oyes.

____ ¿Usted sabe qué es eso?

____ producto biológico

____ Explíqueme...

____ ...esa reacción es muy lenta...

____ sustancia mediadora

____ ...reactantes producen un tercer producto...

____ organismo biológico

____ ese último

____ vuelvo otra vez

____ dos sustancias se juntan

P-23 Escucha la conversación varias veces y llena los espacios en blanco con las palabras que faltan.

1. — Mire, Teresita, le voy a ________________ un asunto que ________________ puede sonar difícil. Se trata de cómo se está fabricando la vacuna contra la ________________ , una vacuna ________________ .

2. — ¿Qué ________________ ________________ sintético?
—Sintético quiere decir que no es un producto ________________ , sino que es un producto hecho por el ________________ en una forma ________________, por medio de reacciones químicas o...

3. — Ay... no ________________ , profesor. ________________
____.

4. — Y, entonces estas sustancias, entre ________________ ________________, que se llaman reactantes, producen un tercer ________________, que es el que vamos a llamar sintético. Porque el medio ha sido creado fuera de un ________________ ________________.

5. — Ah, bueno, vuelvo otra vez. Ah, dos sustancias se juntan en un medio adecuado y para que la reacción sea ________________ , se usa una ________________ sustancia que ________________ ________________ catalizador y da un ________________. Y este producto es el que viene siendo finalmente la ________________ ________________ que se va a utilizar, eh, contra determinado ________________.

Después de escuchar

P-24 Ven a clase preparado(a) para explicar un proceso sencillo, definir una palabra o describir a una persona, un animal o una cosa sin decir lo que es. Los demás tratarán de adivinar de qué hablas.

ACTIVIDADES

P-25 Volvamos al tema de la comunicación sin palabras. Lee el siguiente artículo y haz los ejercicios, a fin de (*in order to*) prepararte más para participar en conversaciones en el mundo hispánico.

CUIDADO: EL CUERPO HABLA

No cabe duda de que los seres humanos —y algunos animales también— tenemos la habilidad de expresarnos efectivamente sin hablar. Si sabemos utilizar bien las expresiones faciales, los gestos y los movimientos y posiciones del cuerpo, podemos expresar tristeza, dudas, asombro, preocupación, amor y un sinfín de otros sentimientos.

La cara quizás exprese más sentimientos que cualquier otra parte del cuerpo. Con un(a) compañero(a) dibujen las siguientes caras e identifiquen los mensajes que expresan:

1. abrir mucho la boca y los ojos

   dibujo:

   interpretación: ______________________________

2. guiñar un ojo

   dibujo:

   interpretación: ______________________________

3. sacar la lengua

   dibujo:

   interpretación: ______________________________

4. fruncir el ceño

   dibujo:

   interpretación: ______________________________

5. pestañear rápidamente

dibujo:

interpretación: ______________________________

El cuerpo entero también comunica una variedad de mensajes, sentimientos, actitudes y estados mentales, algunos de los cuales parecen ser innatos. Por ejemplo, se supone que en todas las culturas, alzar el brazo y moverlo hacia los dos lados es una señal de saludo o despedida. Y el puño cerrado suele denotar enojo, victoria o un gran esfuerzo por hacer o recordar algo. Sin embargo, los gestos tienden a variar mucho entre las distintas culturas del mundo. Por ejemplo, en los países de habla española se saluda con un beso o dos en las mejillas, y la gente está bastante dispuesta al contacto físico. En cambio, en otras culturas como la inglesa y la alemana, se ve menos expresión física de las emociones. En China, el mostrar afecto en público se considera de mala educación.

En los Estados Unidos nos gusta hacer la señal de "Victoria" alzando dos dedos para formar la letra "V", y éste es un gesto aceptable en otros países también. Por otro lado, en cada cultura o región del mundo se usan gestos que en otras partes serían totalmente inaceptables. Al viajar, vale la pena que observemos los principales gestos aceptables, tanto como los socialmente prohibidos en cada lugar. Los viajeros solemos "meter la pata" *(to put our foot in it)* en culturas ajenas, aun sin decir/emitir ni una palabra, porque el cuerpo comunica una gran gama de mensajes, actitudes, sentimientos y estados mentales.

Por medio de los capítulos de *¡Imagínate!*, puedes aprender a expresarte en español, pero también hay que prestar atención al lenguaje corporal. Por ejemplo, cuando estás contándole a alguien algo que te importa mucho ¿qué te dicen los brazos cruzados sobre el pecho, a un metro de distancia de ti? (Hay que notar que en el mundo hispano se suele conversar con poca distancia entre los interlocutores.)

Ahora, busca en el Internet, o en un periódico o en una revista, fotos y dibujos de una o más personas que muestren alguna actitud con la cara o el cuerpo. Tráelos a la clase para que todos analicen lo que expresan las personas, quizás sin que ellas se den cuenta.

¡Adelante! ¿Estás listo(a) para conversar y comprender? En este capítulo preliminar hemos presentado muchas frases y estrategias que te ayudarán a conversar mejor en español. Esperamos que entiendas el enfoque de este libro y que ahora te sientas más preparado(a) para empezar a manejar conversaciones en español. En los próximos capítulos vas a tener muchísimas oportunidades de practicar y de aprender más. Estamos seguros de que al terminar este libro tendrás mayor facilidad para participar en conversaciones con otras personas que hablan español a un nivel mucho más alto.

¡Buena suerte!
¡Sigamos adelante!

CAPÍTULO

1

Initiating and Closing Conversations

¡Mucho gusto!

Introducción

Nuevos amigos

1-1 La amistad No cabe duda de que la amistad es indispensable, especialmente en el colegio, en la universidad y en cualquier otra situación en la que nos encontramos lejos del hogar. Nos gusta enviarles tarjetas a nuestros familiares y amigos más queridos. ¿Quieres hacer una tarjeta especial para tu mejor amigo(a)?

Algunas expresiones útiles para la tarjeta de amistad

Estoy (ocupado/a) aquí, pero....	*I'm (busy) here, but . . . .*
Te extraño mucho. **Te echo de menos.** **Me haces (mucha) falta.**	*I miss you (a lot).*
Te gustaría... aquí.	*You would like . . . here.*
No te olvidaré.	*I won't forget you.*

¿Quieren hacer una exhibición de las tarjetas, y una página del Internet, para los trabajos de la clase de español?

1-2 Nuevos amigos Aunque tus viejos amigos siguen siendo muy apreciados, en este curso vas a conocer a muchos nuevos amigos —¡hablando español, por supuesto! Vas a conocer bien a tus compañeros de clase, y es muy importante que ustedes se traten como buenos amigos. También conocerás a otras personas que hablan español. En tu universidad y en la ciudad donde vives, seguramente puedes encontrarte con algunos hispanohablantes. En general, son muy amables. También les escribirás cartas a otras personas de habla española.

En el mundo hispánico, las *tarjetas de visita* muchas veces se usan cuando invitan, visitan o conocen a otra persona. Para comenzar a conocer a tus compañeros de clase, haz la siguiente actividad:

a. En casa, o en el laboratorio de computación, diseña una tarjeta de visita original. Incluye tu nombre, tu(s) apellido(s) y otros datos que te representen bien. Haz suficientes copias para todos los compañeros de la clase de español.

b. En clase, saluda a cada uno de tus compañeros y entrégale una de tus "tarjetas".

Para esta actividad, puedes usar expresiones como:

¡Hola! Soy... Mi tarjeta.

Mucho gusto. (Tu nombre y apellido), aquí tienes mi tarjeta.

Si quieren, pueden conversar más, ¡por supuesto!

1-3 ¿Cómo nos saludamos? ¿Cómo nos presentamos? ¿Cómo conversamos?

Pedro Pregúntalotodo es un estudiante de inglés que acaba de llegar a los Estados Unidos, donde va a estudiar este año. Es muy simpático y quiere saber cómo comportarse correctamente en los Estados Unidos. Quiere tener muchos amigos. Contesta sus preguntas:

1. Cuando saludas a tus mejores amigos en inglés, ¿qué haces y qué dices? ¿Les das la mano? ¿Los besas? ¿Depende de si son hombres o mujeres? En mi país, a mis amigas les doy un beso —en la mejilla, o en el aire, claro— y a mis amigos les doy la mano o los abrazo.

____

____

2. ¿Cómo saludas a tus profesores? ¿Qué haces? ¿Qué les dices? En mi universidad, los (las) saludo con cortesía, tratándolos de **usted,** y si me dan la mano yo también les doy la mano.

____

____

3. Al despedirte, ¿qué haces?

Con los mejores amigos: ____________________________

Con los profesores: ____________________________

En mi país, a mis amigos les doy la mano y les digo algo como: Chao, hasta luego, ahí nos vemos. Si son amigas, las beso otra vez en la mejilla.

A mis profesores, generalmente les digo algo como: Gracias por todo, profesor, hasta mañana.

4. Cuando presentas a dos personas, ¿cómo lo haces? Por ejemplo,

A dos amigos tuyos: ____________________________

A una señora mayor y un amigo: ____________________________

Con los amigos, yo soy un poco informal y digo, por ejemplo: Oye, te presento a mi amigo(a)...

Pero si presento a una señora mayor, siempre me dirijo primero a ella; por ejemplo: Señora Fulana de Tal, le presento a mi amigo(a)...

5. Cuando te presentan a otra persona, ¿qué haces? ¿Qué dices?

____

____

En mi país, yo le doy la mano y le digo: Mucho gusto. Si es una mujer suelo decir: Encantado.

6. Si dos personas están hablando, y tú quieres tomar parte en la conversación, ¿qué dices? ______________________________

Yo, con mis amigos, los saludo y les pido permiso para interrumpir —o simplemente los interrumpo.

7. Y finalmente, si tienes prisa o no quieres continuar más la conversación, ¿qué dices? ¿Cómo terminas la conversación?

____

____

En mi país, yo le pido que me disculpe, y me despido con un beso o le doy la mano y a veces una explicación: Bueno, discúlpame pero tengo un compromiso. Le das saludos a tu familia. Hasta pronto, amigo.

1-4 Lo que hacen los hispanos Con un(a) compañero(a), busquen la mejor descripción de las personas que aparecen a continuación en cada una de las fotos.

a.

b.

c.

____ **1.** Dos viejos amigos se encuentran después de muchos años.

____ **2.** Dos personas se encuentran por primera vez.

____ **3.** Dos personas que se conocen bien, se saludan como siempre.

En esta lección vas a tener oportunidades de conocer y saludar a muchas personas. ¡No te olvides de darles la mano, por lo menos!

Expresiones útiles para presentarse a otras personas

Hola, yo soy...	*Hi, I'm . . .*
Me llamo...	*My name is . . .*
Mucho gusto.	*I'm glad to meet you.*
¿Qué estudias?	*What are you studying?*
¿Cuál es tu especialización?	*What is your major?*
¿Cuándo te gradúas?	*When will you graduate?*
¿De dónde eres?	*Where are you from?*
Quiero presentarle(s) a...	*I want you to meet . . .*
Le(s) presento a...	*This is . . .*

1-5 ¿Quiénes son los compañeros de la clase de español? Escriban en la pizarra cinco o seis preguntas que podrían utilizar para conocerse un poco mejor. Luego, acércate a un(a) estudiante a quien no conoces bien, salúdalo(la) (dale la mano), hazle preguntas, apunta las respuestas y presenta a tu nuevo(a) amigo(a) ante la clase. El (Ella) te presentará a ti también.

Escuchar y practicar

Track 1-1

CONVERSACIÓN 1: Las vacaciones y las clases

Antes de escuchar

1-6 ¿Cómo te fue en las vacaciones? En la primera conversación, dos estudiantes, amigos, se encuentran en la universidad después de las vacaciones de verano. Haz una lista de lo que tú hiciste en tus últimas vacaciones y pregúntales a otros estudiantes lo mismo. ¿Qué actividades semejantes hicieron?

Lo que hice yo: ______________________________

____

Lo que hicieron ellos: ______________________________

____

1-7 ¿Qué clases estás tomando? ¿A qué horas las tomas? En la conversación, los dos estudiantes descubren que van a estar juntos en una clase. Entrevista a un(a) compañero(a) y llena el siguiente horario con las horas de clase que tiene él (ella), sus horas de trabajo, las de las comidas, etc.

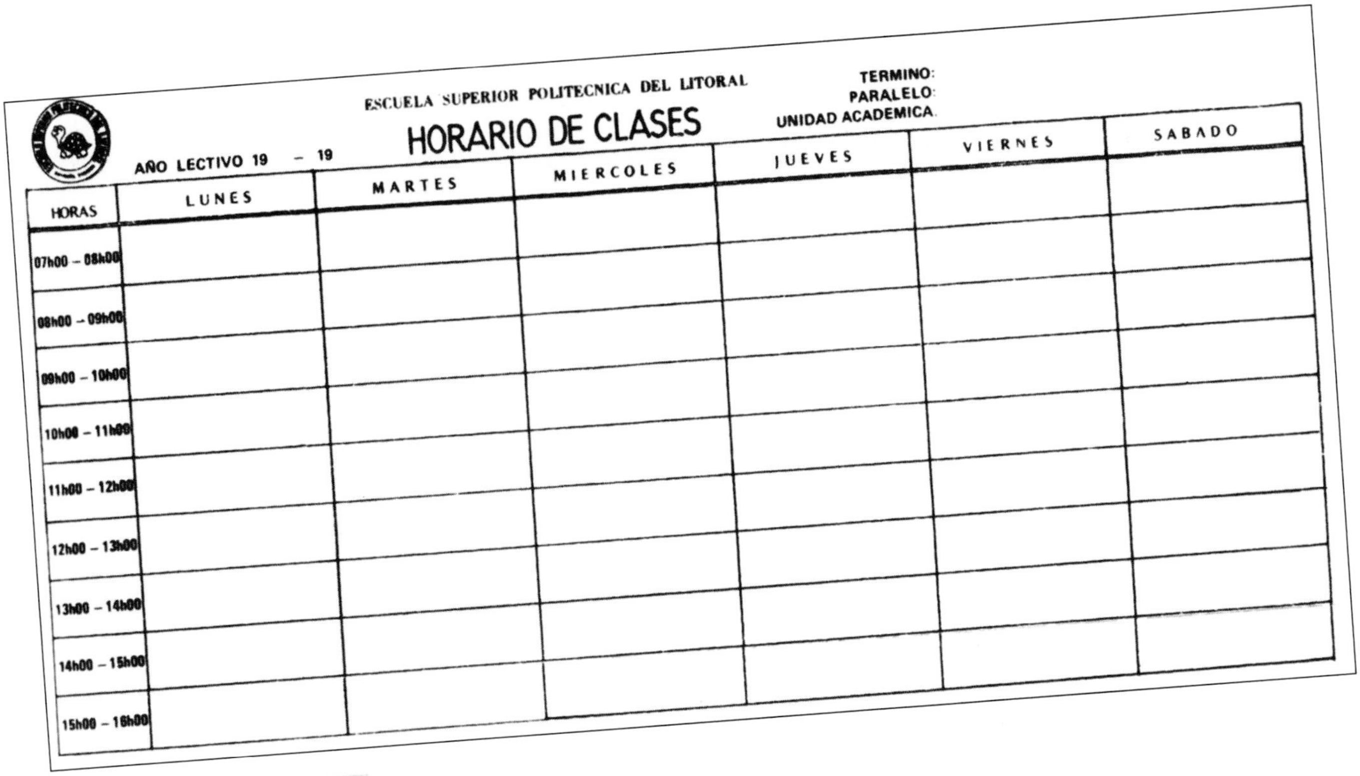

ESCUELA SUPERIOR POLITECNICA DEL LITORAL

HORARIO DE CLASES

AÑO LECTIVO 19 – 19

TERMINO:
PARALELO:
UNIDAD ACADEMICA

HORAS	LUNES	MARTES	MIERCOLES	JUEVES	VIERNES	SABADO
07h00 – 08h00						
08h00 – 09h00						
09h00 – 10h00						
10h00 – 11h00						
11h00 – 12h00						
12h00 – 13h00						
13h00 – 14h00						
14h00 – 15h00						
15h00 – 16h00						

Escuchar

1-8 ¿Qué dicen? Ahora, escucha la primera conversación, en que dos amigos conversan el primer día de clases después de las vacaciones. Contesta las siguientes preguntas.

¿De qué hablan primero? ______________________________

¿Qué clase van a tener en común? ______________________________

¿A qué hora van a tener esa clase? ______________________________

1-9 ¿Qué dirías tú en inglés? Escucha otra vez y apunta los equivalentes en inglés de las expresiones para...

1. saludar: Hola, Carlos, ¿qué tal? ¿Cómo te va? ______________________________

   ____

2. hablar del tema de las vacaciones: ¿Cómo te fue de vacaciones? ______________

   ____

3. expresar sorpresa: ¡No me digas! ______________________________
4. expresar alegría: Oye, ¡qué gusto! ______________________________
5. despedirse: Nos vemos en clase, entonces. ______________________________

   ____

Después de escuchar

Expresiones útiles para iniciar una conversación, expresar placer y despedirse

¿Cómo te ha ido?	*How's it been going?*
¿Qué tal tus vacaciones?	*How was your vacation?*
¿Lo pasaste bien?	*Did it go well?/Did you have a good time?*
Me alegro de verte otra vez.	*Good to see you again.*
¿Qué clases tienes? **¿Qué cursos sigues?**	*What classes are you taking?*
Fíjate que yo también tengo...	*Hey, I have . . . , too!*
¡Estupendo!	*Stupendous!*
¡Fantástico!	*Fantastic!*
¡Fabuloso!	*Fabulous!*
¡Fenomenal!	*Phenomenal!*
¡Chévere!	*Cool!* (**¡Qué padre!** en México **¡Qué guay!** en España)
¡Macanudo!	*Great!*
Bueno, te dejo. Nos vemos en la clase, entonces.	*Okay, I'll let you go. I'll see you in class, then.*
Bueno, tengo que irme.	*Well, I have to go now.*
Con permiso, tengo mucha prisa.	*Excuse me, I'm in a hurry.*
Hasta pronto.	*See you soon.*
Gusto de verte otra vez.	*It's great to see you again.*
Espérame en (la esquina).	*Wait for me in/on (the corner).*
Bueno, te espero.	*Okay, I'll wait for you.*
Chao.	*Bye.*

1-10 ¿Estás en mi clase de...? Busca en tu clase a algún(a) estudiante que tenga algo en común contigo. Imagínense esta situación: Se encuentran después de las vacaciones y están muy contentos al darse cuenta de que tienen algo en común. Presenten la situación ante la clase.

Track 1-2

CONVERSACIÓN 2: ¡Creo que ya nos conocemos!

Antes de escuchar

1-11 ¿No es que ya te conozco? En la segunda conversación, tres jóvenes emplean unas expresiones muy interesantes cuando creen que ya se conocen. Con un(a) compañero(a), combinen las expresiones con las traducciones que les parezcan más lógicas.

____ **1.** ¡Ay... ahora me caigo!

____ **2.** ¿Te acuerdas?

____ **3.** ¡Qué gusto de verlos a los dos otra vez!

____ **4.** Este mundo es un pañuelo.

____ **5.** Dale recuerdos a Elena cuando la vuelvas a ver.

____ **6.** ¿Puedo interrumpir?

a. It's so great to see you two again.

b. This is a small world!

c. May I interrupt?

d. Oh, now I get it!

e. Give my regards/Say hello to Elena when you see her again.

f. Do you remember?

Escuchar

1-12 ¿Comprendes? Ahora, escucha la segunda conversación, en la que dos jóvenes conversan y el tercero se acerca; se hacen las presentaciones y terminan dándose cuenta de que ya se conocían. Escribe **C** (cierto), **F** (falso) o **0** (no hay suficientes datos) y corrige las oraciones que sean falsas.

____ **1.** Carmencita es hermana de Elena Zapata.

____

____ **2.** Cristián y Carmencita se habían conocido en una fiesta.

____

____ **3.** Se conocieron en Bogotá.

____

____ **4.** Carlos está casado con Carmencita.

____

____ **5.** Cristián y Carmencita están muy contentos de verse otra vez.

____

____ **6.** Cristián ha viajado por todo el mundo.

____

1-13 ¿Cómo lo dirías tú en inglés? Escucha otra vez y apunta lo que se dice en inglés en una situación semejante, para...

1. interrumpir: Eh, ¿puedo interrumpir? ______________________
2. presentar a unos amigos: Cristián, te presento a una amiga. ______________________

   ____
3. ser presentado(a): Encantado. ______________________
4. terminar la conversación: Pues, los dejo. Ahora tengo otra clase. ______________________

   ____
5. despedirse: Bueno, dale recuerdos a Elena cuando la vuelvas a ver. ______________________

   ____

Después de escuchar

Expresiones útiles para entablar una conversación

¿No nos conocemos?	*Haven't we met?*
Creo que ya nos conocemos.	*I think we've already met.*
Tengo la impresión de que te conozco.	*I have the impression that I have met you.*
Creo que fue (en casa de mis tíos).	*I think it was . . .*
¿No lo recuerdas?	*Don't you remember?*
¡Ah, es cierto!	*Oh, that's right.*
Ya me acuerdo.	*Now I remember.*
¡Qué pequeño es este mundo!	*What a small world this is!*

1-14 ¡Hola, yo soy...! Con otros dos estudiantes, practica las presentaciones. Haz el papel de la persona que hace la presentación y también el de una de las personas presentadas.

1-15 Conversaciones Ahora practiquen las siguientes escenas. Tu profesor(a) escogerá a varios estudiantes para que presenten las siguientes escenas ante la clase.

1. Dos estudiantes están hablando de sus vacaciones y de sus clases, cuando otro(a) se acerca e interrumpe para participar en la conversación.
2. Dos estudiantes se encuentran en la clase de español el primer día del semestre y tienen la impresión de que se han conocido antes. Traten de recordar dónde se conocieron y cuándo.

Track 1-3

CONVERSACIÓN 3: Una presentación y un plan

Antes de escuchar

1-16 Quiero presentarte a... Con unos compañeros, hagan una lista de expresiones en español que podrían usar para invitar a otra persona a tomar algo después de la clase.

____

____

____

Escuchar

1-17 ¿Qué dijeron? Escucha la tercera conversación hasta que puedas escribir las expresiones que faltan.

— Carmen, ____________ ____________ ____________

mi amiga, María José.

— ____________ ____________, María José.

— Mucho ____________ en ____________.

— ¿Qué les ____________ si después de clase ____________ a

tomarnos un ____________?

— Sí, ¿por qué no? A mí ____________ ____________ muy buena

idea.

— __________ __________ sí. ¡Vamos!

— Ya. Entonces, vamos a clase y __________ __________ aquí a la salida y vamos al café.

— __________. Hasta __________. Y mucho gusto, María José.

— Ha __________ un placer. Nos __________ en una __________.

Después de escuchar

Expresiones útiles para hacer y aceptar invitaciones

Encantado(a).	*I'm pleased to meet you. Delighted.*
¿Les gustaría (tomar un café) después de clase?	*Would you like (to have coffee) after class?*
¿Por qué no vamos a (la cafetería)?	*Why don't we go to (the coffee shop)?*
¡Me encantaría!	*I'd love to!*
¡Fenomenal!	*Great!*

1-18 Te presento... Ahora, con dos compañeros, a) se saludan, b) uno(a) presenta a otros dos, que no se conocen y c) deciden tomar algo después de clase.

TOMANDO EN CUENTA LA SITUACIÓN:

¿Formal, familiar o íntimo?

En cualquier lengua, variamos nuestra conversación según la situación. Por ejemplo, si hablamos con un hermanito, la conversación tiene un tono de familiaridad. Con el (la) novio(a), puede ser íntimo y con el jefe de trabajo probablemente seremos más formales. Para decidir cómo vamos a interactuar, tomamos en cuenta varios factores, que incluyen:

- La(s) otra(s) persona(s) y nuestra edad, nivel de educación, familia y prestigio, nuestras actitudes y relaciones y si ya nos conocemos o no;
- El sitio (por ejemplo, la clase, la iglesia, un bar);
- La situación (por ejemplo, una fiesta, una conferencia, una reunión profesional o un partido de fútbol);
- Posibles diferencias culturales, especialmente si somos de diferentes países.

A veces sabemos cuáles son las normas de las otras culturas, pero en otras ocasiones son más ambiguas y no sabemos qué decir ni cómo decirlo para evitar malentendidos. Tampoco sabemos cómo interpretar lo que dicen los otros. ¿Qué hacer? Claro, siempre se puede preguntar, "¿Cómo se dice...?", "¿Qué quiere decir...?", "¿Debo decir...?", y en este libro te ayudaremos con otras estrategias adicionales.

Por ejemplo, en español es costumbre mostrar interés en la persona y su vida después de saludarla y antes de despedirnos. Si no observamos esta costumbre, es posible que demos la impresión de ser un poco bruscos. Si queremos actuar como hispanohablantes, podemos preguntarle a la otra persona por su familia o cualquier otro tema que conozcamos de él (ella), y al despedirnos debemos enviar saludos especiales a sus familiares o amigos.

¿TÚ, USTED O VOS?

¿Cuándo se usa **tú** y cuándo se usa **usted**? Según las normas tradicionales, se tratan de **tú** a...

- Los niños, los jóvenes, los estudiantes (entre sí);
- Muchas veces, pero no siempre, los miembros de un grupo especial, como un club, o los compañeros de trabajo;
- Los parientes y los amigos íntimos;
- Los adultos a los niños.

Generalmente se tratan de **usted...**

- Los niños a los adultos;
- Los adultos que no se conocen bien, especialmente en situaciones de cierta formalidad;
- Los adultos de diferentes niveles sociales o de diferente jerarquía en el trabajo.

En algunos países ya se tutea (se usa el **tú**) con casi todo el mundo. En otros países y regiones se mantiene la distancia tradicional entre personas de diferente edad o posición social, usando la forma de **usted.**

Además, el asunto se complica más en las regiones donde se usa el **vos.** En Costa Rica y Argentina, por ejemplo, no se oye el **tú** (**tú sabes, eres tú**) sino el **vos** (**vos sabés, sos vos**). **Vos** es un pronombre personal que viene del español antiguo, y no es plural, sino singular; se usa para hablar con una persona: **Vos tenés** = **Tú tienes.** En España se usa otra forma, **vosotros,** cuando se habla con más de una persona: **Vosotros sois** (España) = **ustedes son** (Hispanoamérica).

Por ahora, no te preocupes por usar el **vos;** no lo necesitas, aunque es muy posible que lo oigas.

Situaciones

1-19 Encuentros Vas a participar ahora en unos encuentros, como si no estuvieras en la sala de clase sino en otros lugares, con otras personas. Con un(a) compañero(a), practica una de las siguientes situaciones, tomando en cuenta la información presentada anteriormente, y preséntenla a la clase. Después de cada presentación, los compañeros discutirán su actuación y otras posibles maneras de interactuar en cada situación.

1. Tienes un(a) nuevo(a) compañero(a) de cuarto en una residencia universitaria. Entras el dormitorio, y allí está tu nuevo(a) compañero(a). ¿Qué haces? ¿Qué dices? Entabla una conversación breve y despídete de él (ella).
2. Viven en apartamentos y son nuevos(as) vecinos(as). Uno(a) de ustedes es adulto(a), el(la) otro(a) es un(a) niño(a) de diez años. Se encuentran en el patio. ¿Qué dicen ustedes? Entablen una conversación.
3. Ustedes no se conocen. Están en un autobús que va de Guadalajara a la Ciudad de México. Tienen asientos vecinos. ¿Quién empezará la conversación? ¿Cómo?
4. Uno(a) de ustedes está en problemas. Ha salido de su casa sin las llaves y ha cerrado la puerta dejando adentro las llaves. Va a la casa del (de la) otro(a), tu vecino(a), para usar el teléfono. Saluda al (a la) vecino(a), conversa, explica la situación y pide permiso para usar el teléfono.

Expresiones útiles para terminar una conversación

Bueno, tengo que irme.	*Well, I have to go now.*
Saludos a tu (su) familia.	*(Give) my best to your family.*
Bueno, ha sido un placer.	*Well, it's been a pleasure.*
Bueno, nos vemos, entonces.	*Okay, I'll see you later then.*
¿Cuándo nos vemos otra vez?	*When will we see each other again?*
Hasta luego/pronto/más tarde/el lunes.	*I'll see you later/soon/ later/on Monday.*
¡Qué te diviertas!	*Have a good time!*
¡Qué te (le) vaya muy bien!	*Good luck!*

1-20 ¡En una fiesta internacional! En casa, busca en una revista una fotografía grande de una persona y recórtala. Inventa un nombre, una historia, una personalidad y una universidad para la persona. Tú vas a hacer el papel de esa persona en la siguiente situación. Practícala antes de venir a clase.

Situación: Todos están asistiendo a una reunión internacional, donde representan sus universidades. Como no se conocen, dan una fiesta para conocerse. Habla con todas las personas que puedas. Recuerda que tienes que representar bien tu institución.

UNIVERSIDAD DE SANTIAGO DE CHILE

1-21 ¿En qué se parecen? En casa, llena el siguiente cuestionario con tus propios datos. En clase, compara tus respuestas con las de tres o cuatro compañeros para ver qué tienen en común. ¿Con cuál de ellos tienes más en común?

AMIGOS, S.A.

Cuestionario Datos Personales

Nombre: ______________________________

Fecha de nacimiento: ______________________________

Lugar de nacimiento: ______________________________

Cursos favoritos: ______________________________

Música predilecta: ______________________________

Pasatiempos favoritos: ______________________________

Talentos y habilidades especiales: ______________________________

____

Lugar favorito: ______________________________

Color favorito: ______________________________

Clubes y organizaciones: ______________________________

____

Otras características que considero importantes: ______________________________

____

____

1-22 ¿Qué más quieres que sepan de ti? Ahora, diles a tus compañeros dos o tres otros datos sobre ti y tu vida, para que ellos te hagan preguntas para saber más. No se olviden de usar las expresiones que vieron en el Capítulo preliminar, para mostrar interés y pedir más información.

Expresiones útiles para presentar y conocer a otras personas que aparecen en una foto

Este(a) es mi hermano(a).	*This is my brother/sister.*
Este(a) soy yo.	*This is me.*
Aquí estoy con mi amigo(a).	*Here I am with my friend.*
Mi amigo(a) es muy inteligente.	*My friend is very smart.*
Es abogado(a).	*He's (She's) a lawyer.*
¿Es soltero(a)?	*Is he (she) single?*
No, es casado(a).	*No, he's (she's) married.*
viudo(a).	*widowed.*
divorciado(a).	*divorced.*
Lo (La) quiero mucho.	*I love him (her) very much.*
¿Cómo es?	*What is he (she) like?*
¿Hace cuánto tiempo que lo (la) conoces?	*How long have you known him (her)?*
¡Qué guapo(a)!	*How good-looking!*
¡Qué bueno/bien!	*That's great!*

Fuera de clase

1-23 Los apellidos ¿Te has fijado en que los hispanohablantes generalmente usan dos apellidos? El primero es el apellido del padre, y es el oficial. Pero también usan el apellido de la madre. Por ejemplo:

Carlos	**Moreno**	**Delgado**
(nombre)	(apellido paterno)	(apellido materno)

Ahora, pregúntales a cinco compañeros su apellido paterno y materno. Hagan una lista de la clase. (En una lista de nombres, el apellido del padre está en orden alfabético.)

Si quieren, pueden añadir los números de teléfono.

Nombre	**Apellido paterno**	**Apellido materno**

1-24 Una llamada por teléfono Tu profesor(a) repartirá tarjetas que describen situaciones. Fíjate en el número que tienes en tu tarjeta y busca otros dos o tres estudiantes que tengan el mismo número. Formen un grupo y apunten abajo una lista de expresiones necesarias o útiles para llevar a cabo su parte de la llamada telefónica que está descrita en la tarjeta:

En casa, llámense por teléfono y hagan los papeles descritos en las tarjetas.

Luego, escriban un resúmen de la conversación. (¿Qué dijeron? ¿Cuál fue el resultado?)

En clase, lean sus resúmenes. ¿Están de acuerdo con lo que pasó? ¿Cómo les fue? ¿Les ayudaron las expresiones que escribieron en su grupo? (¿Por qué sí o no?)

Expresiones útiles para hacer una llamada telefónica

Aló/Hola. **Diga. (España)/Bueno (México)**	*Hello.*
¿Está (Carlos), por favor?	*Is (Carlos) there, please?*
¿Quién habla?	*Who is speaking?*
Habla/Soy...	*This is . . .*
Ah, ¡qué gusto!	*Oh, great! (What a pleasure!)*
Bueno, nos vemos (mañana), entonces.	*Okay, I'll see you (tomorrow) then.*

1-25 Una entrevista Ya has tenido la oportunidad de conocer a varias personas, tanto verdaderas como imaginarias, y has conversado con ellas. ¿Te gustaría trabar amistad con una persona de habla española fuera de clase? Algunos posibles amigos podrían ser:

- Alumnos extranjeros que estudian en escuelas secundarias o universidades;
- Estudiantes en los centros especiales de educación para adultos, cuyo idioma materno es español;
- Jubilados que viven en comunidades especiales para personas mayores de edad y en asilos para ancianos —¡A muchos les encantaría ayudarte y participar en tus proyectos!
- Comerciantes de habla española que trabajan en empresas internacionales, y sus familias;
- Comerciantes que trabajan en tiendas de comida, música, ropa, etc., atendiendo a clientes de habla española;
- Dueños de restaurantes hispánicos, meseros y otros trabajadores;
- Otros profesores de español.

También puedes consultar con los consulados de varios países o hablar con los que han servido en el Cuerpo de Paz (*Peace Corps*) de los Estados Unidos, misioneros y otros estadounidenses que han vivido en países hispánicos. Si no hay nadie más, siempre puedes entrevistar a estudiantes más avanzados.

Busca a tal persona y entrevístala. Primero, haz una lista de preguntas posibles. Graba la conversación para escucharla en clase o toma buenos apuntes.

1-26 Una investigación y un informe En tu ciudad o universidad, ¿hay algún canal de televisión en español? En muchas ciudades de nuestro país se reciben transmisiones de varias cadenas en español. Mira unos cuantos programas para ver cómo se saluda la gente, cómo se despide, cómo se presenta y cómo conversa. Por ejemplo, pueden ser programas de entrevistas, telenovelas o películas. Toma apuntes y haz un informe para la clase.

1-27 A escribir El correo electrónico. ¿Quieres comunicarte con amigos en otros países? Toda tu clase puede pedir una conexión con otra clase en otro país por medio del correo electrónico. Pueden buscar, por el Internet, un sitio que ofrezca posibilidades para encontrar 'keypals' en otros países, por ejemplo IECC, Intercultural Email Classroom Connections. En otros capítulos de *¡Imagínate!* encontrarán más temas y oportunidades para comunicarse con amigos en otros países.

Una vez que tengas un(a) correspondiente, preséntate a la persona, dile algo de ti y hazle preguntas para conocerlo(la). Puedes hablar con los otros estudiantes de la clase y con el (la) profesor(a) para hacer una lista de ideas para tu primer mensaje. Por ejemplo, puedes explicar quién eres, cómo eres, qué estudias, qué pasatiempos te gustan/qué deportes practicas, cómo es tu familia, cuál es tu horario habitual, cuáles son tus planes para el futuro, qué aspectos interesantes hay en el lugar donde vives, quiénes son tus amigos y compañeros,...

Si la persona es de tu edad o más joven, usa **tú;** si es mayor, no te olvides de usar **usted** hasta que él/ella te diga que lo/la trates de **tú.** Si vas a usar **tú,** puedes comenzar con: **Hola** o con **Querido(a)** ____________________. Si la persona es mayor, sería mejor saludarle con: **Estimado(a)** ____________________.

1-28 Un artículo Tú eres reportero(a) del periódico del Club de Español. Escribe un artículo sobre la gente que has conocido por medio de las actividades de este capítulo. Recuerda que generalmente un buen artículo debe incluir datos que contesten las preguntas ¿Quién?, ¿Qué?, ¿Dónde?, ¿Por qué?, ¿Cuándo?, ¿Cómo?, no necesariamente en este orden. ¡A ver si publican un periódico durante el curso!

Vocabulario

Palabras y expresiones que quiero recordar

CAPÍTULO

2

Initiating and Building Topics

¿Qué estudias?

Introducción

Cómo iniciar una conversación

Muchas veces, queremos iniciar una conversación con alguien nuevo(a), pero no sabemos qué decir. Una buena manera de empezar es encontrar un tema del que podamos tratar fácilmente —alguna cosa que tengamos en común con la persona a quien queremos conocer. Hablar de la vida estudiantil y los cursos es una manera fácil de iniciar una conversación animada con otro(a) estudiante.

2-1 Una conversación corta Es evidente que al joven le interesa la joven. ¿Qué quiere Rodolfo? ¿Qué le sorprende? En tu opinión, ¿qué pasa después?

Expresiones útiles para empezar y continuar una conversación

Hola, ¿qué tal?	*Hi, how are you?*
¿Qué hay de nuevo?	*What's new?*
¿Qué hay?	*What's up?*
¡Qué va!	*Nonsense!*
¡Claro!	*Of course!*
¡Exacto!	*That's right!*
Eso es cierto.	*That's true.*
¿Verdad?	*Really?*
No me digas.	*You don't say.*
¿Y qué más?	*And what else?*
Oye, ¿sabes una cosa?	*Listen, do you know what?*
Sigue. Dime más.	*Go on. Tell me more.*

2-2 Hablar de los cursos El objetivo de este capítulo es aprender a iniciar y desarrollar una conversación dentro del contexto de la vida estudiantil. Usando como tema las materias sobre cursos que aparecen a continuación, inicia una conversación con un(a) compañero(a) de clase sobre las asignaturas que necesitas en tu propia especialidad o carrera. No te olvides de presentarte primero.

el arte
la música
la historia
las matemáticas
    el álgebra
    la geometría
    el cálculo
las lenguas
    el inglés
    el español
    el alemán
    el francés
    el japonés

la literatura
la sociología
la psicología
las ciencias
    la astronomía
    la biología
    la física
    la química
las ciencias del medio ambiente
la religión
la composición
la economía

la antropología
la ingeniería (civil, mecánica, química, aeronáutica, bioquímica, electrónica)
el gobierno
las relaciones exteriores
la enseñanza
la computación
la filosofía
la retórica y la comunicación

Escuchar y practicar

Track 2-1

CONVERSACIÓN 1: Es hora de pensar en el futuro

Antes de escuchar

2-3 ¿Qué quieres hacer en el futuro? Durante los últimos años de la escuela secundaria y de la universidad los estudiantes empiezan a pensar en lo que quieren hacer en el futuro. Están terminando una época de su vida y comienzan a hacer planes para otra. Piensan. Hablan con sus amigos. Consultan a los consejeros. Leen libros. Conversan con sus padres. Parece que hay cuatro cuestiones principales:

1. **¿Seguir o no los estudios?** Comenta con tus compañeros de clase las ventajas y las desventajas de seguir los estudios.

Ventajas	**Desventajas**

¿Estas ventajas o desventajas son distintas para estudiantes diferentes? Explica.

2. **¿Qué universidad?** Piensa con tus compañeros en la variedad de universidades y "colleges" que existen en los Estados Unidos. ¿Cuáles son los aspectos más importantes que se deben considerar antes de decidirse a asistir a determinada universidad?

3. **¿Cómo pagar los gastos?** Considera con los demás estudiantes cuánto cuesta asistir a la universidad y cómo se puede ganar el dinero para pagar los gastos. ¿Qué posibilidades hay?

4. **¿Qué se hace para matricularse?** Habla de todos los requisitos con los que tiene que cumplir uno antes de poder matricularse en la universidad. Haz una lista de tres de esos requisitos.

____

____

____

2-4 Opiniones En la primera conversación unos padres hablan con su hija acerca de sus planes para matricularse en la universidad. Piensa en lo que te parece que diría la hija, lo que diría su madre y lo que diría su padre. Apunta las ideas más importantes de cada persona.

Hija: ____

____

Madre: ____

____

Padre: ____

____

Escuchar

2-5 La matrícula Ya tienes algunas ideas y ya sabes algunas palabras relacionadas con el tema de la matrícula. Recuérdalas mientras escuchas la conversación. Probablemente no vas a comprender todo lo que se dice en el CD. Sigue escuchando la conversación hasta que comprendas casi todo lo que dicen. Recuerda que no es necesario entender todas las palabras para comprender la conversación. Ahora, escucha la primera conversación, fijándote en la actitud de las tres personas y contesta las siguientes preguntas.

1. ¿Cuál es la actitud de Marta, la hija?

   a. ¿Quiere seguir estudios en la universidad?

   ____

   b. ¿Quiere hablar de eso con sus padres?

   ____

2. ¿Cuál es la actitud de los padres?

a. ¿del padre?

____

b. ¿de la madre?

____

2-6 Distintos puntos de vista Ahora, escucha la conversación otra vez, fijándote en el punto de vista de cada persona y contesta las siguientes preguntas.

1. Desde el punto de vista del padre

a. ¿Qué es importante? ¿Por qué?

____

b. ¿Con qué tiene uno que cumplir?

____

c. ¿Qué tiene uno que escribir?

____

2. Desde el punto de vista de la madre

a. ¿Qué necesita la hija?

1. ____

2. ____

3. Desde el punto de vista de la hija

a. ¿Sabe a qué universidad quiere asistir?

____

b. ¿Sabe a quién puede pedirle una carta de recomendación?

____

c. ¿Cómo está ella al final de la conversación?

____

2-7 En realidad Compara el contenido de la conversación con lo que esperabas oír, es decir, con lo que creías que dirían. (Ejercicio 2-4 Opiniones)

1. Semejanzas —De las ideas que había en tu lista, ¿cuáles trataron?

___

___

2. Diferencias —¿Cuáles omitieron?

___

___

2-8 ¿Quién habla? Escucha la conversación una vez más, e indica con una **P** (padre), una **M** (madre) o una **H** (hija), ¿qué persona dijo lo siguiente?

1. es importante que comiences a pensar en la matrícula ______
2. incluso en solicitar formularios para pedir una beca ______
3. son muy, muy costosos ______
4. es importante pedir referencias ______
5. tendrás que escribir una... un ensayo ______
6. ustedes me pueden ayudar ______
7. me estoy entusiasmando ______

2-9 ¿Qué hará Marta? Escucha otra vez, si es necesario, para saber lo que va a hacer Marta para comenzar a tramitar su matrícula.

___

___

___

Después de escuchar

Expresiones útiles para hablar del ingreso a la universidad

¿Piensas seguir con tus estudios?	*Do you intend to continue your studies?*
¿A qué universidad vas a asistir?	*What university are you going to attend?*
¿Quieres asistir a una universidad pública o a una privada? ¿Por qué?	*Do you want to attend a public or a private university? Why?*

¿Quieres asistir a alguna universidad que esté dentro del estado o a una situada en otro estado? ¿Por qué?	*Do you want to attend an in-state or an out-of-state university? Why?*
¿Qué quieres estudiar?	*What do you want to study?*
¿Cómo vas a pagar los gastos?	*How are you going to pay your expenses?*
¿Has pensado en los trámites de matrícula?	*Have you thought about application procedures?*
¿Qué has hecho? (hablar con tus padres y tus amigos, pedirle informes a tu consejero(a), pedirles consejos a tus profesores, pedir formularios de solicitud, llenarlos, pedir referencias, escribir el ensayo y enviarlo todo a la Oficina de Matrículas)	*What have you done? (talk to your parents and friends, ask your counselor for information, ask your teachers for advice, request application forms, fill them out, ask for references, write the essay and send everything to the Admissions Office)*

2-10 ¿Qué opinan? Comenta el ingreso a la universidad con tus compañeros.

1. Tú estás en el último año de escuela secundaria. Hablas con un(a) amigo(a) que piensa matricularse en la universidad. Prepara una lista de preguntas, de por lo menos diez, que puedas hacerle para averiguar lo que ya ha hecho y lo que le queda por hacer.

2. Habla de la matrícula con algún(a) compañero(a) y háganse las preguntas ya preparadas. También, debes hacerle otras preguntas que se te ocurran durante la conversación.

3. Diles a los demás todo lo que sabes sobre los planes de matrícula de tu compañero(a).

4. Si tú y tu amigo(a) no piensan seguir los estudios, hablen ustedes de las carreras que seguirán.

Track 2-2

CONVERSACIÓN 2: Las clases que tomamos

Antes de escuchar

2-11 Actividades diarias Con tus compañeros comenta las actividades de los estudiantes y de los profesores.

1. las clases que se dan **2.** los días **3.** las horas

4. el horario de los estudiantes
a. las clases **b.** las tareas **c.** las actividades sociales **d.** otros deberes

5. el horario de los profesores
a. las clases **b.** la preparación de clases **c.** la investigación
d. las actividades sociales **e.** otros deberes

Es obvio que todos estamos muy ocupados y que por lo menos en los Estados Unidos vivimos de acuerdo con el trabajo que tenemos. El reloj nos ayuda a organizar las actividades, incluso los deberes y los placeres del día. Así podemos disfrutar mejor de todas las posibilidades que nos presenta la vida.

2-12 ¿Cómo es tu horario? La segunda conversación trata del horario de dos estudiantes. Antes de escucharla, piensa en tu propio horario.

1. ¿Qué clases tomas?

____

2. ¿En qué días tienes clases?

____

3. ¿A qué hora son las clases?

____

4. ¿A qué hora comes?

____

Escuchar

2-13 ¡Tengo mucho que hacer! Ahora, escucha la primera parte de la segunda conversación, en la que dos estudiantes conversan sobre su horario, y escribe las palabras que faltan.

— José, ________________ ________________ estoy tomando demasiados

créditos ________________ ________________.

— Y eso, ¿________________ ________________, Rodolfo?

— Me ________________ ________________ demasiadas clases.

— No, ________________ eso es ________________, elimina algunos

________________.

— Pero no, ya estoy ________________ en todos. No puedo

________________ ahora. Pero ________________ una cosa, ¿tú estás

tomando ________________?

— Sí, ________________ ________________ ________________ de

filosofía con el ________________ ________________.

2-14 ¿Qué pasó? Ahora escucha toda la conversación para enterarte de algunas cosas generales.

1. ¿Por qué se preocupa Rodolfo?

____

2. ¿Qué le sorprende a él?

____

3. ¿Qué días quiere almorzar con José?

____

4. ¿A qué hora puede almorzar?

____

2-15 **¿Qué dirías tú en inglés?** A veces es posible entender una palabra desconocida fijándose en otras palabras de la oración, es decir, en el contexto. Escucha las otras palabras, piensa en el contexto y escribe lo que se dice en inglés en lugar de las siguientes palabras o expresiones.

1. Me asigné... ______________________________
2. ...ya estoy inscrito en todos... ______________________________
3. ...no puedo dejarlos ahora... ______________________________
4. ...a pasar la materia. ______________________________
5. ...almuerzas. ______________________________
6. ...sino cenar nada más. ______________________________

Después de escuchar

2-16 **¿Cómo es tu día?** Habla con un(a) compañero(a) de clase del horario.

Mira el siguiente horario y prepara las preguntas adecuadas para pedirle a un(a) compañero(a) de clase los datos necesarios para prepararle su horario.

Hazle a un(a) compañero(a) las preguntas que preparaste y llena su horario. Luego, entrégale el horario que has llenado a ver si todo está bien.

Explícales el horario de tu compañero(a) a los demás estudiantes de la clase.

	lunes	martes	miércoles	jueves	viernes
7:00					
8:00					
9:00					
10:00					
11:00					
12:00					
13:00					
14:00					
15:00					
16:00					
17:00					
18:00					
19:00					
20:00					
21:00					

Expresiones útiles para informarse sobre el horario

Dime, por favor, ¿qué haces a las ocho?	*Tell me, please. What do you do at eight o'clock?*
¿A qué hora almuerzas?	*What time do you eat lunch?*
¿Hasta qué hora estudias?	*Until what time do you study?*
¿Tu clase dura hasta las nueve?	*Does your class go on until nine?*
¿Y la cena? ¿A qué hora cenas?	*And dinner? What time do you eat dinner?*
Pero, hombre (mujer), ¿no duermes?	*But, good heavens, don't you sleep?*
¿Vas a la clase a las diez en punto?	*Do you go to class at ten sharp?*
¿Con quién almuerzas?	*With whom do you eat lunch?*
¿Siempre llegas puntualmente?	*Do you always arrive on time?*
No, a veces llego tarde (temprano).	*No, sometimes I arrive late (early).*
¿Cuánto tiempo dura la clase?	*How long does the class last?*
¿Siempre asistes a todas las clases?	*Do you always attend all the classes?*
No, a veces falto a una.	*No, sometimes I miss one.*
¿Qué clase tomas a la una?	*What class do you have at one?*
¿A qué hora es la clase?	*What time is the class?*
¿Qué días tienes esa clase?	*What days do you have that class?*

Track 2-3

CONVERSACIÓN 3:
Nos interesa estudiar en el extranjero

Antes de escuchar

2-17 Estudiar en el extranjero Dicen que el mundo es cada vez más pequeño y parece ser cierto. Hoy en día sabemos más que nunca acerca de otros países y recibimos muchos de sus productos. Del mismo modo, hay turistas por todas partes. Como consecuencia muchos estudiantes quieren estudiar en el extranjero. Aunque hay más estudiantes de otros países que quieren estudiar aquí en los Estados Unidos, también hay muchos norteamericanos que van a estudiar un verano, un semestre o un año en el extranjero.

En clase piensen ustedes en todas las posibles respuestas a las tres siguientes preguntas.

1. ¿Por qué estudian tantos jóvenes en el extranjero?
2. ¿Qué beneficios sacan de ello?
3. ¿Qué pasos previos deben darse para estudiar en el extranjero?
   a. Para matricularse
   b. Para viajar al país

2-18 Programas de estudio en el extranjero En la tercera conversación, algunos estudiantes que quieren estudiar en el extranjero hablan con la profesora García. Antes de escuchar la conversación, piensa en las preguntas que harías tú sobre los programas de estudio en el extranjero.

____

____

____

____

____

____

____

Escuchar

2-19 ¿Qué pasó? Escucha la tercera conversación entre los estudiantes y la profesora, e indica el orden de los cuatro temas más importantes.

_______ requisitos   _______ dónde vivir

_______ propósitos   _______ por cuánto tiempo

2-20 Quisiera hablar Los estudiantes van a la profesora para pedirle informes sobre los programas de estudio en el extranjero, pero ni ellos ni la profesora hacen muchas preguntas. (Está claro que es posible obtener informes sin hacer preguntas.) Escucha y apunta las cuatro preguntas que hacen. Indica las de la profesora (P) y las de los estudiantes (E).

____

____

____

____

2-21 Más información Escucha la conversación otra vez para poder contestar las siguientes preguntas.

1. Los estudiantes hablan de tres razones para estudiar en el extranjero. ¿Cuáles son?

   ____

   ____

   ____

2. ¿Cuánto tiempo piensan pasar en el país?

   ____

3. ¿Por qué les recomienda la profesora que vivan con una familia?

   ____

   ____

   ____

4. ¿Cuáles son los dos requisitos?

   ____

   ____

Después de escuchar

Expresiones útiles para mantener la conversación en marcha

Entiendo todo, pero, ¿me lo podrías explicar otra vez?	*I understand everything, but can you explain it to me again?*
Pero, tú sabes que eso me importa mucho.	*But you know that that is very important to me.*
Un momento.	*Just a moment.*
Yo también. (Ni yo tampoco.)	*Me, too. (Neither do I.)*
Claro que sí, pero no es tan sencillo.	*Of course, but it isn't so simple.*
(Vamos) A ver.	*Let's see.*
¿De qué depende?	*What does it depend on?*

Expresiones útiles para expresar opiniones

Desde mi punto de vista, es necesario...	*From my point of view, it's necessary . . .*
Por otra parte...,	*On the other hand, . . .*
Lo que (no) me gusta es...	*What I (don't) like is . . .*
Y ¿a ti?	*And you?*
A mí, también.	*Me, too.*
A mí, no.	*Not me.*
A mí, sí.	*I do.*
Tienes razón, pero...	*You're right, but . . .*
A mí me parece que...	*It seems to me that . . .*
Es importante . . .	*It is important . . .*
No estoy de acuerdo.	*I don't agree.*
¿Qué piensas tú?	*What do you think?*
A ti, ¿qué te parece?	*What do you think?*

2-22 ¿Y Uds.? Habla con dos compañeros sobre la posibilidad de estudiar en el extranjero.

1. Piensa en las razones para ir al extranjero a pasar un año estudiando y en las razones para quedarte en tu propio país. Apunta las que están a favor y las que están en contra.

Razones a favor	Razones en contra

2. Comenta con los demás estudiantes las razones principales para seguir sus estudios en otro país o aquí en los Estados Unidos.

Situaciones

2-23 Para ganar una beca ¿Quieres estudiar en el extranjero? En casa, llena el siguiente formulario para solicitar una beca como estudiante de intercambio en la Universidad Autónoma de San Jerónimo.

PROGRAMA DE INTERCAMBIO

Universidad: ______________________________

Nombre y apellido: ______________________________

Dirección: ______________________________

____

Teléfono: ____________ Edad: ____________ Estado civil: ____________

Especialización en los estudios: ____________

Promedio de las calificaciones: ____________

Promedio de calificaciones en español: ____________

Estancia en otros países:

¿Ha vivido en otro país? ❑ Sí ❑ No

Si la respuesta es afirmativa, ¿en qué país(es) ha vivido y durante cuánto tiempo vivió allí?

País De...

____

En San Jerónimo prefiero vivir:

en una pensión ________ en una residencia universitaria ________

con una familia ________ en un apartamento con otros estudiantes norteamericanos ________

Escriba un párrafo en el que explique las razones por las cuales usted desea estudiar en la Universidad de San Jerónimo.

____

____

____

Fórmense en grupos de cuatro, seleccionen a uno(a) para el programa de intercambio. Primero hagan una lista de las cualidades más importantes que debe tener un(a) estudiante de intercambio. Si quieren, pueden usar estas expresiones para empezar.

Es importante saber el idioma.

Creo que el (la) mejor aspirante es el (la) que...

Y además, debe...

Y otra cualidad importante es...

____

____

____

____

____

Ahora, estudien las solicitudes de otro grupo (mientras que otro grupo estudia las solicitudes de ustedes) y escojan los (las) dos aspirantes que les parezcan mejores. Si quieren, pueden usar estas expresiones para empezar.

Bueno, éste(a) tiene (es) más...

Pero por otra parte....

Pero fíjense que...

Entrevisten a los estudiantes que han escogido los varios grupos. Preparen tres preguntas para averiguar si tienen las cualidades que a ustedes les parecen importantes en un(a) estudiante de intercambio.

1. _______________

2. _______________

3. _______________

Anota a continuación las respuestas de los estudiantes.

1. a. _______________

____

b. _______________

____

2. a. ______________________________

____

b. ______________________________

____

3. a. ______________________________

____

b. ______________________________

____

Es verdad que todos los aspirantes cumplen bien los requisitos ¿no?

2-24 Tu horario Lee "El tiempo vale oro", y comparte tus impresiones con tus compañeros de clase. ¿Por qué estás de acuerdo o no? ¿Cómo utilizas tú el tiempo?

EL TIEMPO VALE ORO

Aquellos más productivos no son los que tienen una capacidad intelectual más desarrollada ni las mejores habilidades naturales... sino los que distribuyen mejor su tiempo", dice Alain Lakein, autor del libro "Cómo obtener control de su tiempo libre y de su vida". Según él, la clave está en planificar... Pero, planificar no es hacerlo todo rápido... Además de la velocidad, las cosas deben hacerse de la manera correcta... Eso es productividad 100%.

El primer paso es definir las prioridades. Ésto exige pensamientos claros. Hay que fijar lo que se quiere realizar en los próximos años, meses, días y... ahora mismo. La forma de llegar a prioridades razonables es analizando todos los ángulos de los compromisos y deberes. Viene luego la fase de la materialización de las prioridades... que implica determinación y disciplina. Primero los objetivos A, más tarde los B, C... El que no es metódico, terminará disgregándose, lo que redundará en más consumo de tiempo... pues deberá lidiar en varios frentes simultáneamente.

La nueva filosofía empresarial es de total calidad en la administración del tiempo... para continuar mejorando la productividad. Hoy más que nunca, el tiempo vale oro... ¡puro oro y diamantes!

2-25 Una buena conversación Tu profesor(a) te va a dar una lista de los datos que debes conseguir de dos de tus compañeros(as). Ellos también te harán preguntas a ti. Háganse las preguntas, pero no se limiten a un simple procedimiento de preguntas y respuestas, sino traten de añadir otros temas como en una verdadera conversación y al contestar las preguntas de sus compañeros, agreguen más datos, comentarios interesantes y anécdotas personales.

2-26 Una escena Es una conversación entre un(a) estudiante universitario(a) y su padre o su madre. El (La) muchacho(a) ya ha terminado su primer año y acaba de volver a casa para las vacaciones de verano. Una noche su padre (madre) empieza a hablarle del futuro y de su especialidad.

El padre (La madre) cree que todavía quiere ser médico(a) y que sigue en el programa de "pre-med". Está orgulloso(a) de su hijo(a) y sabe que la medicina es una buena carrera con buena reputación y mucho dinero. Está empeñado(a) en que su hijo(a) sea médico(a).

El (La) hijo(a) no le ha dicho que ha cambiado de parecer. No le gustan los cursos que se tienen que estudiar en "pre-med" ni ya tampoco quiere ser médico(a). Piensa especializarse en lenguas extranjeras o en cualquier otro campo. Ama mucho a su padre (madre), pero no tiene más remedio que decírselo. Trata de explicarlo todo de tal manera que su padre (madre) comprenda y que esté de acuerdo con sus deseos.

Fuera de clase

Al fin puedes disfrutar
tu e-mail en lugares más cómodos.

Everywhere internet
El e-mail ha hecho a tus comunicaciones y negocios más independientes del tiempo, pero te ha hecho más dependiente de tu escritorio. Bueno, no por mucho tiempo.
Tu e-mail estará donde tú estés. Dondequiera que esté almacenado, siempre podrás acceder a él y responderlo desde cualquier lugar. Directamente con tu teléfono celular, sin conectarte a una laptop.

Gracias a las novísimas siglas como WAP y GPRS, las redes celulares se están convirtiendo rápidamente en almacenadoras de información. Y algunas de las primeras aplicaciones para aprovecharlas son estas nuevas formas para la transmisión celular de mensajes y servicios informativos de Internet.

Así que olvídate de estar clavado a la silla de la oficina. Atiende tu e-mail el minuto en que lo recibes. **Internet Dondequiera.**

ERICSSON

VISITA NUESTRO STAND E1 EN LA COMPU '99

2-27 Buscar información en Internet Escoge uno de los siguientes temas y averigua cuanto puedas sobre él en el Internet. Anota los datos para presentárselos a los otros estudiantes de tu clase.

una universidad de Centroamérica, Sudamérica o España

un programa de intercambio estudiantil

un programa para estudiar en el extranjero

2-28 ¿Cómo es en el extranjero? Si conoces a estudiantes o profesores que hayan vivido o estudiado en el extranjero, entrevista a uno(a) de ellos y pregúntale qué consejos les daría a aquellos estudiantes que quieren viajar o estudiar en el extranjero.

Qué hacer

___

___

___

Qué no hacer

___

___

___

Tener cuidado

___

___

___

Evitar

___

___

___

Qué les puede chocar más

___

___

___

Cómo se van a sentir fuera de su país

___

___

___

2-29 A escribir: Tu horario Piensa en lo que haces los días de semana y los fines de semana.

Piensa en la tarea para las clases, los deberes y el recreo. Escribe un párrafo sobre cada categoría: la tarea, los deberes y el recreo.

Al final, escribe una conclusión en la que compares el tiempo que pasas en cada categoría y el interés que tienes en cada actividad de tu horario. ¿En qué pasas más tiempo y qué te gusta más?

2-30 Recomendaciones Lee las recomendaciones de un adulto a un muchacho de diez años.

★

PREGUNTA (Lorena Vasconcelos J.): ¿Cuáles fueron las recomendaciones que hizo una celebridad (creo que fue el Presidente John F. Kennedy) a su hija cuando ésta cumplió diez años?

RESPUESTA: No estoy muy seguro del autor, me dicen que debe haber sido un famoso escritor norteamericano también, pero, en fin, las más conocidas y recomendadas son: 1. Debes estar siempre limpia; 2. Trata cuanto puedas por ser eficiente; 3 Asegúrate de que siempre te enfrentarás a la vida con valor; 4. Aprende a montar a caballo; 5 Aprende a manejar bien un automóvil, cuando tu edad lo permita; 6. No te preocupes por la posibilidad de triunfar o fracasar; 7. No te empeñes por estar a la moda, por vestir como tus amigas; 8. No te preocupes por lo que puedan pensar de ti los demás; 9. No te preocupes ni por el pasado ni por el futuro; 10. No te preocupes por tus padres; 11. Sé siempre optimista, ten la absoluta seguridad de que durante.toda tu vida serás feliz.

★

¿Qué opinas de estas recomendaciones?

¿Con cuáles estás de acuerdo?

¿Con cuáles no estás de acuerdo?

¿Hay otras que te parezcan también razonables?

2-31 Cursos y más cursos Claro que hay una multitud de cosas que saber, y parece que hay un sinfín de cursos. Éstos nos sirven para aprender más sobre el mundo y para prepararnos para vivir mejor o para ganar un buen sueldo.

Estudia los siguientes anuncios, y contesta las preguntas que aparecen después de ellos.

¿Qué cursos te interesan en el anuncio de Modern Schools?

¿Qué hay en el Instituto Digital de Idiomas? ¿Qué te parece de lo que dicen: "usted no necesita viajar al exterior para aprender el mejor inglés"?

Vocabulario

Palabras y expresiones que quiero recordar

CAPÍTULO

3

Description and Circumlocution

Descríbeme...

Introducción

Gente, cosas y lugares

3-1 No sé la palabra, pero puedo describir lo que es ¿Cómo explicas una cosa cuando no sabes decir la palabra en español? Con un(a) compañero(a), escriban una descripción para cada una de las siguientes cosas, y luego compárenla con la descripción de otros dos estudiantes. Por último, busquen la palabra española en el diccionario.

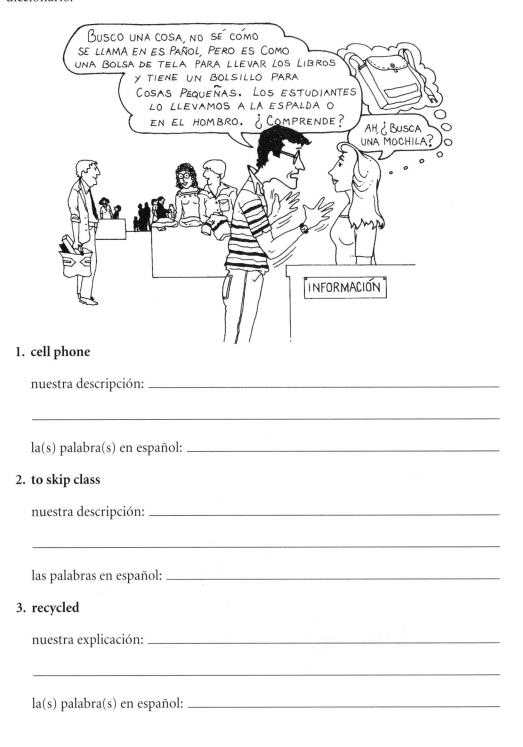

1. **cell phone**

   nuestra descripción: ____________________

   ____

   la(s) palabra(s) en español: ____________________

2. **to skip class**

   nuestra descripción: ____________________

   ____

   las palabras en español: ____________________

3. **recycled**

   nuestra explicación: ____________________

   ____

   la(s) palabra(s) en español: ____________________

4. **clumsily**

nuestra explicación: ____

____

la(s) palabra(s) en español: ______________________________________

5. **in-line skates**

nuestra explicación: ____

____

la(s) palabra(s) en español: ______________________________________

Algunas palabras útiles para dar instrucciones

Camina calle abajo.	*Go down the street.*
Camina calle arriba y dobla a la derecha.	*Go up the street and turn to the right.*
Camina calle abajo y dobla a la izquierda.	*Go down the street and turn to the left.*
Sigue derecho/recto.	*Continue straight ahead.*
¡Para!	*Stop!*
Devuélvete.	*Go back.*
Dobla a la derecha/izquierda.	*Turn to the right/left.*

3-2 Laberinto Un(a) compañero(a) "ciego"(a) quiere trazar con un lápiz o un bolígrafo el camino que hay que seguir para llegar al Gimnasio los Flacos desde la Heladería Dulcinea. Dale instrucciones para que llegue al gimnasio con los ojos cerrados, sin salirse del camino. ¡El (La) compañero(a) no debe abrir los ojos! Usa la forma **tú** con tu compañero(a).

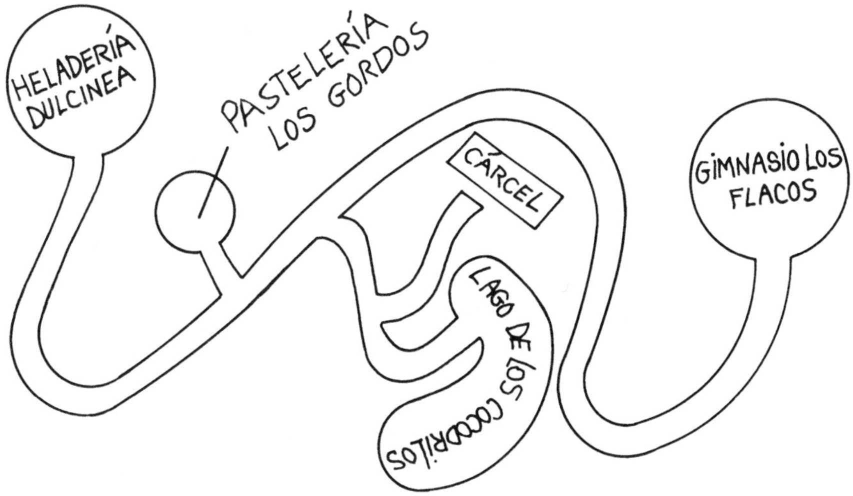

Escuchar y practicar

Track 3-1

CONVERSACIÓN 1: Instrucciones para llegar a un lugar

Antes de escuchar

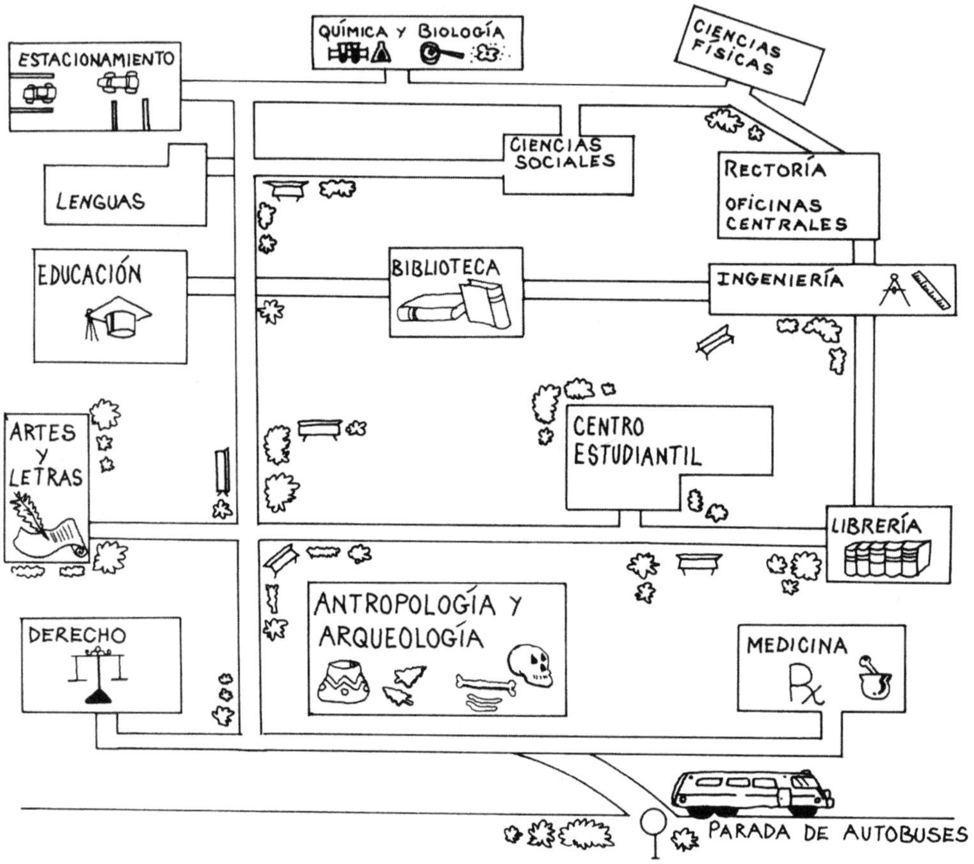

3-3 ¿Cómo llego al Centro Estudiantil? Con un(a) compañero(a), sigue las instrucciones para llegar a un edificio. ¿Qué edificio es?

1. Del estacionamiento de coches, caminen hacia el sur hasta llegar a la Facultad de Educación. Allí mismo, doblen a la izquierda y pasen por la biblioteca. Sigan recto y llegarán a un edificio largo. Frente a ese edificio, al norte, está el que buscan. ¿Cómo se llama? ¿Qué oficinas tiene?

2. De la parada de buses, sigan por la acera que va hacia el oeste, y después de pasar la Facultad de Antropología y Arqueología, doblen a la derecha. Sigan derecho hasta llegar a la Facultad de Química y Biología, y allí doblen a la derecha otra vez y pasen la Facultad de Química y Biología. ¿Cuál es el próximo edificio a la izquierda?

Escuchar

3-4 ¿Cómo llego a...? Escucha la primera conversación y traza en el mapa el camino que el joven debe seguir para llegar a la casa de Mariana. Escribe una X donde está la casa.

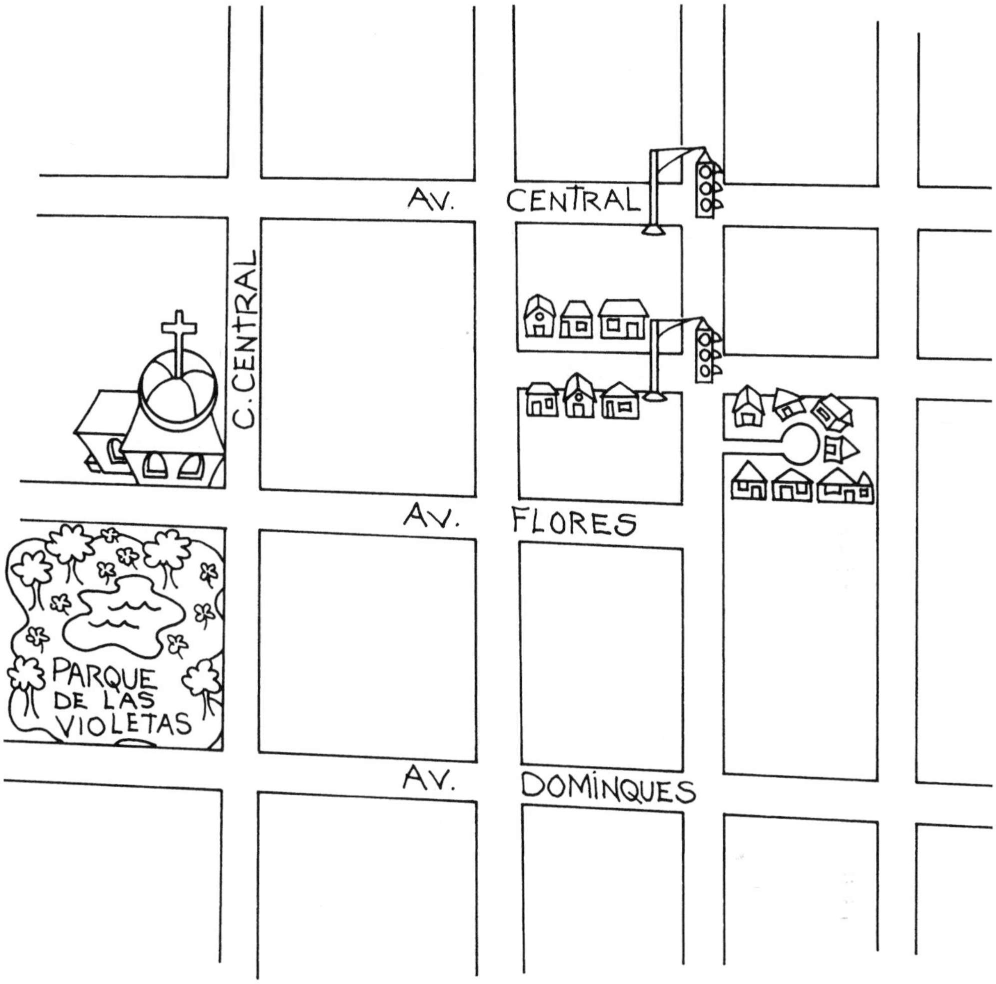

3-5 ¿Estás seguro(a) de haber llegado a la casa de Mariana? Escucha la conversación hasta que puedas contestar las siguientes preguntas:

1. ¿Cómo es la iglesia? ¿Qué característica especial tiene? ____________________

   ____

2. ¿Cómo se puede reconocer la casa de Mariana?

   El color: ____________________

   Otros datos que ayudan: ____________________

   ____

3. ¿A qué hora es la fiesta? ____________________

3-6 ¡Detalles, detalles! Escucha la primera conversación una vez más y busca los siguientes detalles.

1. Escribe tres expresiones que usó la joven para darle las instrucciones.

   ejemplo:
   Vas derecho por la Avenida Flores hasta que llegues al final de la calle.

   ____

   ____

   ____

2. ¿Qué palabra corta repite el amigo varias veces, para indicar que comprende?

   ____

   ¿Qué significa la palabra? ______________________________

3-7 ¿Qué casa es? Ahora, ponte de acuerdo con tus compañeros: ¿Cuál es la casa de Mariana? ¿Dónde pusieron la X?

Expresiones útiles para preguntar y explicar cómo se llega a un lugar

Perdón, ¿podría decirme dónde queda (la Catedral)?	*Excuse me, can you tell me where (the Cathedral) is?*
¿Por qué calle voy para llegar a...?	*What street should I follow to get to . . . ?*
¿Cómo puedo llegar al (a la)...?	*How can I get to . . . ?*
Doble a la derecha/izquierda en la Avenida...	*Turn right/left on . . . Avenue.*
Siga derecho/recto tres cuadras por la Calle...	*Continue straight for three blocks along . . . Street.*
Camine una cuadra y media más.	*Walk another block and a half.*
Allí está, frente a (la iglesia).	*There it is, opposite (the church).*
Está allí a la vuelta.	*It's there around the corner.*
Está al fondo.	*It's clear at the back/end.*
Está a la izquierda/derecha.	*It's on the left/right.*
Está en la esquina de la Avenida...y la Calle...	*It's on the corner of . . . Avenue and . . . Street.*
Está entre la Calle... y la Calle...	*It's between . . . and . . . Streets.*

3-8 Un plano de... Explícale a un(a) compañero(a) cómo llegar adonde tú vives o a algún otro sitio importante que quede cerca de la universidad. Él (Ella) debe dibujar un plano y hacerte preguntas para poder llegar al sitio.

Track 3-2

CONVERSACIÓN 2: La persona ideal

Antes de escuchar

3-9 La persona ideal Cierren los ojos, todos, y piensen en el hombre o la mujer que les gustaría tener como novio o novia. ¿Cómo es? ¿Qué aspecto tiene? ¿Cómo es su personalidad? ¿Cuál es su profesión o especialización? ¿Quisieras tener una cita con esta persona? Luego, abran los ojos, y con un(a) compañero(a), hagan una lista de las palabras que describen esta persona ideal.

alto(a)________ ________ ________

________ ________ ________

________ ________ ________

Escuchar

3-10 La cita de Rosa Escucha la segunda conversación y marca con una X lo que oyes sobre una cita que tuvo Rosa con un joven muy agradable. No marques lo que no oigas.

____ **1.** Rosa salió con el joven el viernes pasado.

____ **2.** Lo conoció en una clase.

____ **3.** Él se llama Roberto Ávila.

____ **4.** Es alto y guapo.

____ **5.** Es moreno y tiene buen sentido del humor.

____ **6.** Va a ser ingeniero.

____ **7.** Roberto y Rosa se encontraron en el centro.

____ **8.** Cenaron juntos, fueron a una fiesta y bailaron.

____ **9.** Pasaron toda la noche juntos.

____ **10.** Van a salir juntos otra vez el próximo fin de semana.

3-11 ¿Qué dirías tú... ? Escucha otra vez la conversación y escribe las expresiones que usarías tú en inglés para expresar lo que las dos chicas dicen con las frases siguientes.

1. ¡Qué casualidad! ____________________
2. Justo la persona a quien quería ver. ____________________

   ____
3. ¿Qué cita? ¡No me digas! ____________________

   ____
4. Y, ¿qué tal es? ____________________
5. Uy, pero, ¡qué bien! ____________________
6. Ay, pero Rosa, ¡qué maravilla! ____________________

Después de escuchar

3-12 Chismes y rumores Junto con un(a) compañero(a), describan a dos personas. Mencionen a) el aspecto físico, b) la personalidad y c) algo que cada persona hace y cómo lo hace. A ver si tus compañeros pueden identificar a las dos personas descritas.

1. (Nombre secreto) __________: ____________________

   ____

   ____
2. __________: ____________________

   ____

   ____

Primero, ¿necesitan ideas? Pueden consultar los periódicos y revistas de las últimas semanas para encontrar información sobre la gente que ha aparecido recientemente dentro de las siguientes categorías:

artistas de cine

autores o pintores famosos

cantantes y bailarines

líderes políticos

profesores

cómicos

protagonistas de novelas, programas de televisión, tiras cómicas, etc.

Algunas expresiones para describir a alguien

Es moreno(a)/rubio(a).	*He (She) is dark complected/blond(e).*
fuerte/débil.	*strong/weak.*
alto(a)/bajo(a).	*tall/short.*
delgado(a)/flaco/gordo.	*thin/skinny/heavy-set or fat**
feo(a)/guapo(a).	*ugly/good-looking.*
lindo(a)/mono(a) (España)/ **chulo(a)** (México).	*cute.*
inteligente/listo(a)/tonto(a).	*intelligent or smart/clever/dumb or silly.*
valiente/cobarde.	*brave/cowardly.*
arrogante/humilde.	*arrogant/humble.*
optimista/pesimista.	*optimistic/pessimistic.*
trabajador(a)/perezoso(a).	*hard-working/lazy.*
fascinante/aburrido(a).	*fascinating/boring.*
gracioso(a)/chistoso(a)/ cómico(a).	*funny.*
conservador(a)/liberal.	*conservative/liberal.*
extraño(a).	*strange.*
Está calvo(a).	*He (She) is bald.*
Siempre está de moda.	*He (She) is always in style.*
Se pinta mucho./Lleva mucho maquillaje.	*She wears a lot of makeup.*
Tiene pelo largo/corto y rubio/ moreno/café.	*He (She) has long/short and blond/dark/brown hair.*
muy arreglado/desarreglado.	*well groomed, neat/messy.*
patillas/flequillo.	*sideburns/bangs.*
corte de pelo militar/al estilo mohicano.	*military/Mohawk haircut.*
el pelo coloreado/teñido.	*his (her) hair colored.*
canas/el pelo blanco.	*white hair.*
las orejas perforadas.	*pierced ears.*
el ombligo perforado.	*his (her) belly button pierced.*
un lunar al lado de la boca.	*a beauty-spot/mole next to his (her) mouth.*
pecas.	*freckles.*
tatuaje.	*tattoo(es).*
granos.	*pimples.*
una cicatriz en la mejilla derecha.	*a scar on his (her) right cheek.*

**This is not necessarily an insult.*

3-13 Personas famosas ¿Conoces los nombres y otros datos de algunas personas famosas del mundo de habla española? Por ejemplo, hay deportistas, artistas de cine, políticos, poetas, novelistas, pintores, etc., etc., que se han destacado por sus obras excelentes. ¿Qué personas muy conocidas pueden nombrar tú y tus compañeros de clase?

A. Uno de los españoles más conocidos por su trabajo cinematográfico es Antonio Banderas. ¿Cómo es él? Hace unos 25 años, un artículo de una revista española lo describió como ambicioso, apasionado, sensual, extravertido, práctico, decidido e impulsivo y confiado y tolerante con otros. El autor del artículo, especialista en quiromancia (*palmistry*), predijo que los siguientes veinte años le traerían a Banderas "los períodos más fecundos y fuertes" de su vida. Además, dijo que el artista experimentaría un gran amor y que pasaría años "lejos de sus raíces" y "alejado de todo", antes de volver a su tierra.

¿Fue cierto lo que predijo el artículo? La descripción de Banderas, ¿le parece precisa? Lean el siguiente artículo nuevo, y busquen más información por el Internet (si quieren hacerlo), para decidir si están de acuerdo o no con lo que dijo hace tanto tiempo la palma de la mano de Banderas. Tomen apuntes en una hoja aparte sobre lo que sí concuerda con las predicciones:

Luego de dos décadas y 50 películas, Antonio Banderas, más que un *sex symbol*, es una inspiración para los hispanos que sueñan trabajar en Hollywood, justamente por los obstáculos que le ha tocado superar y las barreras del inglés que ha debido saltar. Antonio nació en Málaga, España, el 10 de agosto de 1960. Después que una lesión en el pie lo obligara a abandonar sus sueños de futbolista, Banderas descubrió que quería ser actor y a los 14 años comenzó a hacer teatro callejero. Para abrirse camino en la actuación, trabajó como mesero y modelo. En 1982 lo descubrió Pedro Almodóvar, con quien rodó *Laberintos de pasión, Matador, La ley del deseo, ¡Átame!* y la más conocida, *Mujeres al borde de un ataque de nervios*, que lo dió a conocer como actor fuera de España. En 1992 debutó en el cine norteamericano con *Los Reyes del Mambo*, sin hablar inglés (se aprendió el diálogo fonéticamente). La cinta no fue un éxito, pero *Toño* sí. Las mujeres se volvieron locas por él y la prensa lo catalogó como el amante latino. Desde entonces no ha parado de trabajar, ¡ya ha hecho 27 películas en Hollywood! Gracias a su talento, más que a su atractivo, Antonio ha demostrado trabajando que es merecedor de su éxito.

Antonio Banderas

TRABAJADOR INCANSABLE

En 1996 filmó *Two Much*, donde conoció a su mejor profesora de inglés: Melanie Griffith. Y como para aprender inglés el mejor lugar es la cama, muy pronto al guapo malagueño saleroso se le soltó la lengua y comenzó a trabajar en Hollywood sin descanso. Hasta el momento no ha parado, y al terminar *Frida* y *Once Upon a Time in Mexico*, comenzó *Pancho Villa*, la historia de como Pancho vendía las batallas de su ejército a cineastas para hacer la primera cinta de acción de Hollywood. Luego comienza *Tarántula*, una cinta de Almodóvar, que trata de la venganza de un cirujano plástico a un violador que abusó de su hija, y por eso le cambia de sexo.

B. ¿Les interesa en especial alguna otra persona hispana que es mundialmente conocida? Busquen información sobre la persona por medio de revistas, periódicos y el Internet y prepárense para presentar a la clase una descripción de la persona y los hechos de la vida de él o ella.

Track 3-3

CONVERSACIÓN 3: El caso del anillo perdido

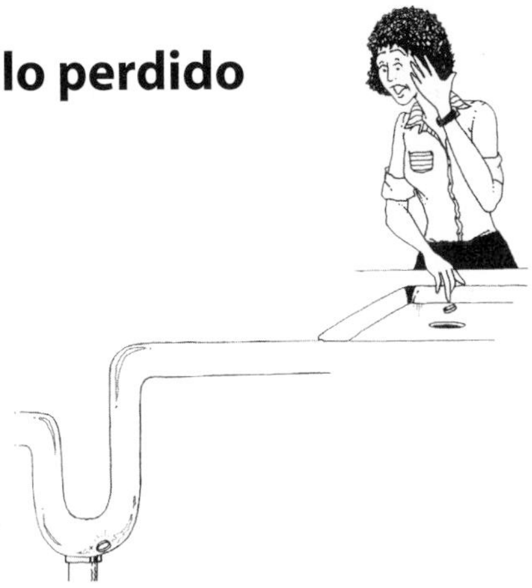

Antes de escuchar

3-14 Una situación difícil En la tercera conversación, una señora trata de explicarle a un plomero la situación que observas en el dibujo. ¿Cómo explicarías la situación en inglés y en español? Trabaja con otro estudiante, sin usar el diccionario. Si no saben una palabra, busquen otra manera de explicar lo que quieren decir.

Escuchar

3-15 Una conversación con un plomero Escucha la tercera conversación para contestar las siguientes preguntas.

1. ¿Cuál es el tono de la conversación? ¿Cómo se siente la señora? ¿Cómo se siente el hombre?

____

____

____

2. ¿Se comprenden bien los dos? ¿Cómo sabes que sí o que no? ____________

____

____

3. Finalmente, ¿cómo van a resolver el problema? ____________

____

3-16 Nuevas palabras Si no sabes las siguientes palabras relacionadas al tema de la conversación, búscalas en el diccionario.

la plomería: ____________________________

desesperado(a): ____________________________

el anillo: ____________________________

la boda: ____

el lavamanos: ____

la tina: ____

el inodoro: ____

la tubería: ____

el gabinete: ____

la llave inglesa: ____

Ahora, estudia las palabras: ¿Cuál es el tema general de la conversación?

3-17 ¿Qué pasó? Escucha la conversación varias veces y lee el siguiente resumen, llenando los espacios en blanco con palabras clave de la situación.

Una señora llama por teléfono a un plomero. La compañía se llama ________________ San Vicente y ________________. La señora le dice al plomero que está ________________ porque ha perdido su ________________ de ________________. El plomero le contesta que son una compañía experta en plomería pero que no son ________________. La señora explica que ha perdido su anillo en el ________________. No lo perdió en la tina ni en el inodoro, sino en el ________________. El plomero quiere saber exactamente dónde lo perdió, pero la señora no sabe explicarle bien; solamente sabe decir que está perdido. Por fin el plomero se da cuenta de que probablemente está en la ________________ y le pregunta si hay un ________________ que cubra el lavamanos. Le dice que abra la puerta del armario y allí estará la tubería. El plomero, para ahorrarle el costo de un viaje a su casa, le recomienda que utilice una ________________ inglesa para desarmar la tubería, pero ella no comprende nada. El plomero le dice: ¡Ay, señora! Mire, estaré allí en ________________ minutos y la ________________ de este percance.

3-18 **¿Qué dijeron para... ?** Escucha la conversación una vez más y escoge las expresiones que han usado para...

____ **1.** contestar el teléfono (el plomero)

____ **2.** tranquilizar a la señora (el plomero)

____ **3.** preguntarle qué es lo que quiere (el plomero)

____ **4.** pedir más explicaciones (el plomero)

____ **5.** indicar que no comprende nada (la señora)

Explíquese.

b. Cálmese, señora.

c. Plomería San Vicente y Hermanos, a la orden.

d. ¿Qué es eso de la llave inglesa?

e. ¿En qué la podemos ayudar?

Después de escuchar

Expresiones útiles para describir algo

Se parece a (un gato).	*It looks like (a cat).*
Parece (muy grande).	*It looks/seems (very big).*
Es como (una caja).	*It's like (a box).*
Parece ser (más grande de lo que es).	*It seems (bigger than it is).*
Huele a (azufre).	*It smells like/of (sulphur).*
Sabe a (limón).	*It tastes like (lemon).*
Suena como (un silbato).	*It sounds like (a whistle).*
Es del color de (la hierba).	*It's the color of (grass).*
Se usa para...	*It's used for . . .*
Es de tamaño muy grande/ pequeño/regular.	*It's a very large/small/ medium size.*
Es redondo(a).	*It's round.*
cuadrado(a).	*square.*
rectangular.	*rectangular.*
triangular.	*triangular.*
tubular.	*tubular.*
Es suave.	*It's smooth.*
blando(a).	*soft.*
duro(a).	*hard.*
Es agrio(a).	*It's sour.*
amargo.	*bitter.*
dulce.	*sweet.*
Es fragante.	*It's fragrant.*
maloliente.	*smelly.*

3-19 Cómo describir pertenencias perdidas Todos le entregan una cosa al (a la) profesor(a). (Los compañeros no deben verla.) El (La) profesor(a) pondrá todas las cosas juntas en el escritorio. Para que cada estudiante consiga que le devuelvan su prenda, tendrá que describírsela a otro(a) compañero(a), sin decirle la palabra exacta. Este(a) compañero(a) irá al escritorio para recogerla y devolvérsela al (a la) dueño(a).

ejemplo:
Es largo, de color amarillo. Es duro y liso. Tiene un borrador y lo uso para escribir. (Es un lápiz.)

3-20 ¿Dónde está...? Para describir dónde está algo, hay que saber las preposiciones. Observa el cuadro que se presenta a continuación. ¡Pobre Santiago no está bien despierto! Por favor, junto con un(a) compañero(a), díganle dónde están sus cosas. No usen el diccionario. Si hay palabras que no saben, describan las cosas.

Expresiones útiles para explicar que uno no sabe la palabra

Yo no sé qué es eso.	*I don't know what that is.*
No recuerdo la palabra, pero es una cosa...	*I don't remember the word, but it's something . . .*
No sé cómo se dice (se llama), pero...	*I don't know how you say (what it's called), but . . .*
Debo (Puedo) describirlo(la).	*I should (can) describe it.*
¿Me comprende(s)?	*Do you understand me?*
¿Sabe(s) lo que quiero decir?	*Do you know what I mean?*

3-21 Mi cuarto Trabajen en parejas. Un(a) estudiante describirá su cuarto, mientras que el (la) otro(a) lo dibujará exactamente como se lo describe. Luego, cambien de papel.

ejemplo:
Es un cuarto grande. La ventana está en la pared del norte. La puerta está en la pared del sur. Tengo una cama sencilla que está a la derecha de la ventana, etc.

Situaciones

3-22 Un concurso de adivinanzas La clase de español tiene un concurso especial: van a ver cuántas adivinanzas (*riddles*) pueden inventar en español. Para ganar, tienen que pensar en descripciones cortas, sin mencionar la cosa descrita. Es mejor que rimen (*rhyme*). Para hacer las adivinanzas, formen grupos de cuatro o cinco personas. Después, pueden presentarle sus adivinanzas a otro grupo para ver si pueden adivinar las respuestas. (Se encuentran en la última página del capítulo.)

ejemplos:

1. Es redonda, es de goma, de madera o de metal, y sale a dar la vuelta con una amiga igual.
2. Es pequeño como un ratón, y guarda la casa mejor que un león.
3. ¿Cuál es el único animal que necesita divertirse constantemente para no cambiar de sexo?
4. Aunque soy muy resbaloso, hago de lo feo bonito, y de lo sucio hermoso.
5. Muy bonito por delante, muy feo por detrás; me transformo cada instante, pues imito a los demás.
6. ¿En qué se parecen las paredes y los relojes?
7. ¿En qué se parece la manzana a un tren?

3-23 Arquitectos famosos Tú y un(a) compañero(a) son arquitectos muy conocidos por la imaginación que aplican en sus diseños de edificios. Deciden participar en un concurso de los diseños mejores y más originales. El dinero no importa. Dibujen su casa muy original, y preséntensela a la clase, explicando los detalles. Un comité de estudiantes escogerá la mejor de las casas presentadas.

He aquí algunas preguntas para guiarlos, pero recuerden que el diseño total necesita ser muy original.

- ¿Dónde quieren construir la casa?
- ¿Con qué materiales quieren construirla?
- ¿Cuántos cuartos quieren y con qué propósitos?

- ¿Qué desean para cada cuarto en particular?
- ¿Qué otras cosas piensan construir? ¿Una piscina? ¿Una cancha de tenis? ¿Un jardín interno?
- ¿Qué tipo de árboles, arbustos y plantas quieren alrededor de la casa?

3-24 Un anuncio comercial ¿Tienes algo que te gustaría vender? Prepara una buena descripción de un artículo y un anuncio comercial para un programa en español que se llama "Véndelo todo". Graba tu anuncio para que lo oigan los otros estudiantes. No te olvides de marcar el número de teléfono del programa; un(a) compañero(a) hará el papel del (de la) anfitrión(ona) del programa.

3-25 Juego de palabras Formen grupos de cuatro o cinco estudiantes. Usando el diccionario, busquen tres palabras que no conozcan los estudiantes de la clase. Preparen una definición para cada miembro de su grupo, una de las cuales es la correcta; las otras son incorrectas pero podrían ser creíbles para los otros estudiantes. Cada grupo le presenta sus palabras y las definiciones a la clase, y los otros grupos tratan de adivinar cuál es la correcta. Gana el juego el grupo que tenga el mayor número de definiciones que no hayan sido adivinadas.

Fuera de clase

3-26 Una entrevista Pídele a alguna persona de habla española —de preferencia a alguien que haya nacido en un país hispánico— que describa su país natal, la ciudad donde vivía de niño(a), el apartamento o la casa en que vivía su familia. Haz una grabación de la descripción y házsela oír a la clase.

3-27 Búsqueda de tesoros Formen grupos de tres o cuatro estudiantes. Preparen una lista de descripciones de diez cosas que se pueden traer a clase. Denle una copia de su lista a otro grupo. Los estudiantes de ese grupo deben buscar todas las cosas y traer las que encuentren a la clase siguiente. En esa clase deberán comparar las descripciones de su lista con las cosas que ha traído el otro grupo. El grupo que traiga el mayor número de las cosas descritas, gana.

> **ejemplo:**
> Es redonda. Es roja, amarilla o verde. Tiene corteza. Es dulce y jugosa.
> (una manzana)

3-28 ¿Cómo nos describen en otros países?

A. La gente tiende a tener ideas estereotipadas de otras nacionalidades. Por ejemplo, ¿qué ideas tenemos de los españoles? Con otro(a) estudiante, contesten las siguientes preguntas con sus ideas o algunas ideas que hayan oído de otros: ¿Cómo se visten los españoles? ¿Cuáles son sus pasatiempos y deportes típicos? ¿Qué suelen comer? ¿Cómo y dónde se conocen los jóvenes? ¿Cuál es el horario típico en España? ¿Cómo son las casas? ¿Cómo se saludan y se despiden? ¿Qué otras impresiones tienen ustedes?

Ahora, comparen sus respuestas con las de los otros grupos. Si algún(a) estudiante ha visitado España, pueden comparar las respuestas de él o ella con las de los otros estudiantes. Traten sobre la siguiente pregunta: ¿Cuáles de sus ideas son estereotipos? (¿Saben qué es un estereotipo? ¿Cuál es la definición de la palabra?)

B. Según un estudio hecho en España, éstas son algunas de las generalizaciones que expresan unos españoles sobre la gente de los Estados Unidos:

Apariencia:

- La mayoría de los estadounidenses/norteamericanos son muy altos, con ojos azules y pelo rubio.
- Los hombres de los Estados Unidos son musculosos, como Arnold Swarzenegger y Sylvester Stallone. Les gusta llevar camisetas cortas, sin mangas, para mostrar sus músculos.

El trabajo y el ocio:

- Los estadounidenses/norteamericanos pasan casi todo el día trabajando; tienen muy poco tiempo libre.
- Los dos pasatiempos favoritos en los Estados Unidos son las películas y los rodeos.
- Los jóvenes, para divertirse, sólo suelen pasear, porque no se les permite beber ni ir a discotecas.

La vida hogareña:

- En las ciudades grandes todos tienen un coche grande, como un Cadillac, pero fuera de las ciudades normalmente montan a caballo.
- Los estadounidenses se divorcian muchas veces y tienen una vida privada muy complicada.

La comida:

- Los estadounidenses/norteamericanos casi no comen más que hamburguesas, perros calientes, palomitas de maíz y Coca-Cola.
- El desayuno americano es grandísimo. Típicamente comen huevos, pan tostado, jamón y panqueques con crema de maní.

La comunicación:

- El inglés estadounidense/norteamericano es muy difícil de entender, porque la gente habla como si masticara chicle.
- Los estadounidenses/norteamericanos dicen "OK" al menos una vez en cada oración.

Con dos o tres otros estudiantes, hablen sobre cada una de las ideas que expresaron los individuos españoles, y traten de contestar a estas preguntas: ¿Por qué tenían los españoles esas ideas? ¿Tienen razón en algunos aspectos? ¿Es posible describir al "estadounidense/norteamericano típico"? ¿Es posible describir al "español típico"?

3-29 El arte hispánico ¿Te interesa el arte? Busca por medio del Internet y en la biblioteca información y pinturas de los mejores artistas del mundo hispánico —por ejemplo los más famosos, entre ellos Pablo Picasso, Diego Velásquez, Salvador Dalí, Francisco de Goya, El Greco (España); Diego Rivera, Frida Kahlo, David Alfaro Siqueiros (México). ¿Quieres ver qué artistas han trabajado en otros países de habla española? Investiga sobre el arte de tu país predilecto. Luego, prepara una presentación para la clase, con ejemplos de las pinturas de tu artista preferido. Descríbelas.

3-30 Para escribir Cierra los ojos y piensa en un lugar —el lugar más agradable que hayas conocido en tu vida. Usa tu memoria para volver, vuelve a aquel sitio inolvidable para observar las bellezas, para aspirar las fragancias y para escuchar los sonidos. Luego, escribe unos párrafos y describe lo que ves, lo que oyes, lo que hueles...

Cuando todos los estudiantes hayan escrito y corregido esta composición, pueden hacer copias para un grupo de otros tres o cuatro. Los miembros del grupo leen lo que han escrito sus compañeros y cambian las descripciones al tiempo pasado. ¿La mayoría de los verbos sale en el imperfecto o el pretérito?

(Respuestas a las Adivinanzas, página 84):

1. la rueda
2. el candado
3. el burro, para que no se aburra
4. el jabón
5. el espejo
6. en que se/paran
7. en que no es/pera

Vocabulario

Palabras y expresiones que quiero recordar

CAPÍTULO

4

Requesting and Providing Information

¿Podría decirme...?

Introducción

Empleos y profesiones

4-1 La señora no entiende ¿Qué piden los dos? ¿Qué cree la señora que buscan? ¿Qué les ofrece ella? ¿Por qué se van? ¿Cómo están al irse? ¿Cómo queda la señora?

4-2 Hacer y contestar preguntas En este capítulo vamos a concentrarnos en el modo de preguntar y responder sobre empleos y profesiones. Contesta las siguientes preguntas y luego conversa con dos compañeros de clase sobre estos temas.

1. Los empleos

   ¿Has solicitado empleo alguna vez?

   ¿Qué preguntas te hizo el (la) director (a) de personal?

   ¿Qué preguntas le hiciste tú a él (ella)?

2. Las profesiones

   ¿Ya sabes la carrera que quieres seguir?

   ¿Has consultado a un(a) consejero(a) sobre las profesiones?

   ¿Qué preguntas te hizo él (ella)?

   ¿Qué preguntas le hiciste tú?

Escuchar y practicar

Track 4-1

CONVERSACIÓN 1: Cómo solicitar empleo: Datos personales

Antes de escuchar

4-3 ¿Cómo solicito empleo? Con tus compañeros describe el proceso de solicitar empleo. Trata de pensar en todas las ideas y todo el vocabulario posible.

1. ¿Dónde? Por ejemplo, ¿dónde se encuentran los anuncios? ¿Dónde se consigue un formulario de solicitud? ¿Adónde se va para la entrevista?
2. ¿Cómo? Por ejemplo, ¿cómo se arregla una cita? ¿Cómo se presenta uno para la entrevista? ¿Cómo se viste uno? ¿Cómo se comporta uno? ¿Cómo debe uno hablar?
3. ¿Quiénes? Por ejemplo, ¿con quién hay que hablar? ¿Quiénes están presentes durante la entrevista?
4. ¿Qué? Por ejemplo, ¿qué datos personales le piden al aspirante?
5. ¿Cuál? Por ejemplo, ¿cuál debe ser la preparación del (de la) aspirante? ¿Cuáles son los aspectos más importantes del puesto?
6. (¿Se te ocurren otros aspectos del proceso?)

4-4 Mis datos personales La primera conversación trata de los datos personales de alguien que está solicitando un empleo. Imagínate que tú eres director(a) de personal. ¿Qué datos personales le pedirías a la solicitante? Prepara una lista para utilizar durante la entrevista.

____

____

____

____

____

Escuchar

4-5 ¿Qué dicen y cómo? Ahora, escucha la primera conversación para acostumbrarte a las voces de los que hablan, para enterarte de quién es la directora de personal y quién es el aspirante, para saber los datos personales que pide la directora de personal y para saber todos los datos personales del aspirante. También, fíjate en el lenguaje que se usa. ¿Es formal o informal? ¿Se usan "usted" o "tú" ambos durante la entrevista? (No vas a comprender todo lo que dicen las personas, pero escucha con el objetivo de obtener la información pedida. Es mejor no tratar de entender cada palabra. Mientras escuchas, piensa en el contenido que más te interesa.)

1. Apunta los datos personales que pide la directora de personal. (Basta escribir una palabra o una frase. No es necesario escribir toda la pregunta o toda la respuesta.)

____

____

____

____

____

2. Escribe los datos personales del aspirante.

____

____

____

____

____

4-6 Una comparación Compara las preguntas de la directora de personal con las que preparaste tú. ¿En qué se parecen? ¿En qué se diferencian?

4-7 En mi opinión... Después de haber escuchado la primera parte de la entrevista, ¿qué opinas tú...?

1. ¿de la entrevista?
2. ¿de la directora de personal?
3. ¿del aspirante?

4-8 Otra vez Ahora, escucha la conversación otra vez y contesta las siguientes preguntas sobre la entrevista.

1. ¿Qué puesto solicita el aspirante?

   ____

2. ¿A qué palabra inglesa se refiere la palabra "empresa"?

   ____

3. ¿Qué quiere decir "segundo apellido"?

   ____

4. ¿Cómo contesta el aspirante cuando la directora de personal le pregunta su segundo apellido?

   ____

5. ¿Cómo expresa el aspirante su número de teléfono?

   ____

4-9 ¿Cómo se dice en inglés? Escucha la conversación una vez más y fíjate en las siguientes expresiones: **Ah, Así es, Y, Eh, Muy bien, Ajá,** y **Pues.** ¿Cómo dirían estas expresiones en inglés en un contexto semejante?

Después de escuchar

Expresiones útiles para solicitar datos personales

Dígame su dirección.	*Tell me your address.*
Quisiera saber dónde vive.	*I would like to know where you live.*
Me gustaría saber su fecha de nacimiento.	*I would like to know your date of birth.*
¿Me puede decir su lugar de nacimiento?	*Can you tell me your place of birth?*
¿Me podría hablar de sus planes para el futuro?	*Could you tell me about your plans for the future?*
¿Cuál es su número de teléfono?	*What is your telephone number?*
¿Y su nacionalidad?	*And your nationality?*
¿De dónde es usted?	*Where are you from?*
¿Es usted casado(a) o soltero(a)?	*Are you married or single?*
¿Qué idiomas (lenguas) habla?	*What languages do you speak?*
¿Cuál es su nacionalidad?	*What is your nationality?*

Expresiones útiles para responder

Con mucho gusto.	*I would be glad to.*
¡Cómo no!	*Of course.*
Bueno.	*O.K.*
Pues, creo que sí (no).	*Well, I think so (not).*
Sí, lo soy.	*Yes, I am.*

4-10 Tus datos personales Pídele a un(a) compañero(a) sus datos personales.

1. Estudia la "Solicitud de empleo" que está en la página 94. Prepara las preguntas necesarias para pedirle a un(a) compañero(a) de clase sus datos personales y llena la solicitud en la próxima clase.
2. Hazle las preguntas sobre sus datos personales a un(a) compañero(a) de clase y llena su "Solicitud de empleo". Después, los dos deben leerla con cuidado para asegurarse de que todos los datos personales estén bien.
3. Preséntale al(a la) aspirante a la clase.

SOLICITUD DE EMPLEO

DATOS PERSONALES

APELLIDOS: 1° ______ 2° ______

NOMBRE ______ NACIONALIDAD: ______

FECHA DE NACIMIENTO: ______ LUGAR DE NACIMIENTO: ______

SEXO: ______ ESTADO CIVIL: ______ N° HIJOS: ______

NOMBRE DEL PADRE: ______ NOMBRE DE LA MADRE: ______

NOMBRE Y APELLIDOS DEL CONYUGE: ______

NACIONALIDAD DEL CONYUGE: ______

DOMICILIO: calle ______

localidad ______ TELEFONO: ______

D.N.I. o Pasaporte n° ______ Expedido en ______ el ______ de ______

Permiso de Residencia n° ______ Expedido en ______ el ______ por cuenta (1) ______

N° de Afiliación a la Seguridad Social ______ Situación presente (2) ______

Profesión habitual: ______

ESTUDIOS: Por favor, rellene todos los datos requeridos con el mayor detalle posible.

Estudios realizados	Fechas Desde Hasta	N° de cursos académicos	Nombre del Centro	Título o Diploma

IDIOMAS: Indicar segun proceda, NO - NOCIONES - REGULAR - BIEN - MUY BIEN.

IDIOMAS	HABLA	LEE	TRADUCE	ENTIENDE HABLADO	GRAMATICA	REDACCION PROPIA	TAQUI.	MECA.	SECRET.	INTERP.

Empresa: ______ Teléfono: ______

Domicilio de la Empresa: ______

Trabajó desde: ______ hasta ______ Categoria ______

Descripcion del puesto que desempeñaba ______

______

Motivo del abandono del puesto ______ Ultima retribución ______

REFERENCIAS (De Compañías o personas conocidas profesionalmente).

NOMBRE	DOMICILIO Y TELEFONO

Track 4-2

CONVERSACIÓN 2: Solicitar un empleo: La preparación

Antes de escuchar

4-11 Los requisitos Tú eres gerente de una empresa. ¿Qué te gustaría saber acerca de la persona que pide un puesto?

1. educación
2. experiencia
3. personalidad
4. preparación
5. motivación
6. planes para el futuro
7. ???

4-12 Mi propia lista Ya escuchaste la primera parte de la entrevista en la primera conversación. Ahora, prepara una lista de preguntas que le harías tú al aspirante al puesto de vendedor.

____

____

____

____

____

Escuchar

4-13 La preparación Escucha la segunda conversación para enterarte de cuál es la preparación que le parece importante a la directora de personal y completa las siguientes frases.

1. los informes que quiere la directora de personal:

____

____

____

____

____

____

2. las respuestas del aspirante al puesto:

____

____

____

____

____

____

4-14 ¿Cómo es? ¿Qué te parece el aspirante? ¿Cuáles son sus características buenas? ¿Y las malas? ¿Qué más te gustaría saber acerca de él?

4-15 ¿Qué más? Ahora, escucha la conversación otra vez y contesta las siguientes preguntas.

1. ¿Por qué quiere trabajar en esa empresa?

____

2. ¿Qué prefiere el aspirante, un puesto simplemente de vendedor, o uno de gerente?

____

3. ¿Qué preparación tiene el aspirante?

____

4. ¿Cuál es el equivalente en los Estados Unidos de un título de administración de empresas?

____

5. El aspirante cree que la empresa tiene mucha "prestancia". ¿Qué quiere decir eso?

____

Después de escuchar

Expresiones útiles para averiguar que preparación tiene un(a) aspirante

Me gustaría que hablara de su último empleo.	*I would like for you to talk about your last job.*
¿Cuáles son sus habilidades?	*What are your qualifications?*
¿Cómo se describiría usted a sí mismo?	*How would you describe yourself?*
¿Dónde estudió?	*Where did you go to school?*
¿Cuál fue su especialización?	*What was your major?*
¿Por qué se especializó en administración de empresas?	*Why did you major in business administration?*
¿Dónde ha trabajado?	*Where have you worked?*
¿Por qué dejó su último empleo?	*Why did you leave your last job?*
¿Cuántos años trabajó allí?	*How many years did you work there?*
¿Por qué quiere trabajar aquí?	*Why do you want to work here?*
¿Y sus planes futuros?	*And your future plans?*

Expresiones que se usan para hablar de la preparación de una persona

Pues sí (no).	*Well, yes (no).*
Yo sé que soy buen(a) vendedor(a).	*I know I am a good salesperson.*
Porque es una buena empresa.	*Because it's a good company.*
Me han dicho que ustedes pagan los gastos de transporte.	*They have told me that you pay transportation costs.*
Es que yo quiero ser gerente.	*The fact is that I want to be a manager.*
Sé que puedo llevarme bien con mi jefe(a).	*I know that I can get along well with my boss.*
Sí, tengo varias referencias.	*Yes, I have several references.*
Sí, me darán buenas recomendaciones.	*Yes, they will give me good recommendations.*

4-16 Una carrera ideal Estudia la siguiente lista de campos de trabajo. Escoge cuatro: el que te gustaría más, el que te daría más prestigio, el que te pagaría más y el que te presentaría más oportunidades para beneficiar a la sociedad. Ven a clase preparado(a) para explicar tus razones para cada uno.

la administración (de empresas)
la aeronáutica
la agricultura
la animación
la arqueología
la arquitectura
las artes gráficas y el diseño
los automóviles
la aviación
las bellas artes
la biblioteca y la ciencia de información
la bibliotencología y la informática
la biotecnología
el casino
la ciencia
el cine y la televisión
la computación
la comunicación
la construcción
la contabilidad
los deportes
el derecho
la educación
la electrónica
el embalaje
la energía
los entidades sin fines de lucro
el entretenimiento y el espectáculo
la farmacia
la filosofía
las finanzas y las inversiones
la física
la geología
la hotelería
la imprenta
la industria
la industria automotriz
la industria editorial
la industria papelera
la ingeniería (civil, electrónica, mecánica, química)
los libros
las líneas aéreas
la literatura
la marinería
las matemáticas
la medicina
el medio ambiente
los medios de comunicación
la milicia
la minería
los museos
el nolucrativo
las noticias y los medios de comunicación
la odontología
el periodismo
la pesca comercial
la policía
la política
la profesión de enfermero(a)
la propaganda y la comercialización
la protección contra incendios
la publicidad y la comercialización
la química
los recursos humanos
la religión
la salud mental
la sanidad
el servicio de comida
la silvicultura
la sociología
el teatro
las telecomunicaciones
la terapia física
el transporte
la veterinaria

4-17 Los empleos

1. Estudia los anuncios y explica por qué te gustaría o no tener cada cada uno de estos empleos.

2. ¿Para cuáles tienes las calificaciones necesarias?

3. Habla sobre los estudios y la experiencia necesarios para cada uno.

PERIODISTA INVESTIGADOR

Prestigiosa empresa periodística del ECUADOR requiere:

- Periodista Profesional, con títulos que lo acrediten, con amplia experiencia en medios escritos y en particular, en revistas.
- Edad: entre 35 y 45 años. Experiencia mínima de cinco años en periodismo investigativo, con capacidad para organizar y dirigir una Unidad de Investigación periodística.
- Profesional de cultura universal, con experiencia y conocimientos para integrar el staff de una de las más importantes revistas del Ecuador, en calidad de Redactor de planta.
- Disponibilidad de trabajar a tiempo completo en Guayaquil, Ecuador.

Enviar hoja de datos: Casilla: 09-01-1239
E-mail: editgraf2002@yahoo.com

EMPRESA AUTOMOTRIZ

REQUIERE

Personal de planta femenino de 25 a 35 años con experiencia.

Enviar hoja de vida a la carrera 47 No. 12A-35

EMPRESA MULTINACIONAL

REQUIERE PARA SU OPERACIÓN NACIONAL

1. JEFES DE PERSONAL (Código JP)

Profesionales en Administración, Contaduría, Economía, Ingeniería Industrial o Psicología, proactivos, con excelentes conocimientos de nómina y manejo de procesos disciplinarios, programas de seguimiento al desempeño, elaboración e implementación de procedimientos, procesos de selección, contratación y capacitación, con experiencia mínima comprobable de cinco (5) años en empresas con más de 200 empleados. Preferiblemente solteros(as). Excelente redacción y ortografía. Disponibilidad de tiempo y capacidad para trabajar bajo presión.

2. ASISTENTES DE NÓMINA (Código AN)

Profesionales preferiblemente en áreas administrativas, con tres años de experiencia en el manejo de nómina, seguridad social, seguridad industrial, control y programación de horarios y dotación en empresas con más de 200 empleados. Excelente organización y habilidad administrativa.

Los aspirantes a los cargos 1 y 2, deben tener facilidades y disposición para radicarse en sitios diferentes a aquellos donde residen actualmente.

3. MERCADERISTAS (Código MD)

Bachilleres o técnicos mayores de 22 años, con conocimientos y experiencia mínima de dos años en el piso de ventas de almacenes de gran formato, con conocimientos en exhibición, limpieza, control de inventarios, generación de pedidos, venta y postventa de productos alimenticios y no alimenticios. Disponibilidad para trabajar por turnos y en fines de semana.

Para cualquier cargo es indispensable que el(la) aspirante tenga cédula de ciudadanía, libreta militar (hombres) y pasado judicial vigente. No se reciben menores de edad.

Interesados enviar hoja de vida con fotografía reciente al Anunciador No. 8560, EL TIEMPO Bogotá, D.C., especificando en el sobre el cargo al que aspira.

ORGANIZACIÓN INTERNACIONAL

NECESITA:

ASISTENTE DE CONTABILIDAD

- Grado Universitario en contabilidad o administración de empresas
- Mínimo 3 años de experiencia laboral
- Buen manejo de MS Office (Excel, Word, Access)
- Conocimientos de inglés (indispensable)
- Disponibilidad inmediata

Interesados enviar hoja de vida y aspiración salarial al correo electrónico: **hvcolombia@hotmail.com**
se recibirán hojas de vida hasta el día 8 de febrero de 2002.

CÓDIGO INTERNET EM 0880

LABORATORIO FARMACÉUTICO MULTINACIONAL

REQUIERE:

JEFE DE FISICO-QUÍMICOS (Cód. OP01)

PERFIL: Químico Farmacéutico, con experiencia en la industria farmacéutica. Experiencia de mínimo 3 años en técnicas analíticas y validación: HPLC, potenciometría, UV, IR, NIR. Conocimientos en sistemas ambiente Windows, BPCS además en BPL y BPM. Habilidades de liderazgo, trabajo en equipo y dinamismo. Logros demostrables en el área de control de calidad.

CÓDIGO INTERNET EM 0886

JEFE DE PRODUCCIÓN SÓLIDOS (Cód. OP02)

PERFIL: Químico Farmacéutico, con experiencia en la industria farmacéutica. Experiencia de mínimo 2 años en áreas de producción. Conocimientos de procesos productivos, BPM, definición y medición de indicadores, ISO 9000, Sistemas de información Windows, BPCS y AS 400. Habilidades de liderazgo, trabajo en equipo y dinamismo. Logros demostrables en el área de producción con personal a cargo.

CÓDIGO INTERNET EM 0887

Los interesados(as) favor enviar hoja de vida con fotografía reciente y aspiración salarial al Anunciador No. 5730 EL TIEMPO CASA NORTE.

COMPAÑÍA DE COMUNICACIONES

REQUIERE

PLANIFICADOR DE MEDIOS

Con experiencia mínima demostrada de dos años y amplio conocimiento en manejo de Software Ibope. E.G.M., y otros.

Interesados enviar hoja de vida con aspiración salarial al Anunciador No. 445 EL TIEMPO.

ENTIDAD PÚBLICA

Requiere contadores con postgrado en: Gobierno Municipal, Finanzas Públicas, Gerencia Pública, Auditoría de Sistemas, Revisoría Fiscal, Contabilidad Pública, Gerencia Administrativa, Gerencia de Costos o Gerencia Financiera, o similares y 2 años de experiencia profesional específica en Implementación de Sistemas de Contabilidad de Costos, preferiblemente en entidades prestadoras de servicios.

Enviar hojas de vida al Anunciador No. 9413 EL TIEMPO.

4-18 Mi trabajo ¿Tienes algún empleo ahora o has trabajado en el pasado? Tus compañeros de clase van a hacerte preguntas sobre tu trabajo: las horas, el sueldo, las ventajas y desventajas, etc. ¿Les recomendarías tener tu trabajo? Hazles preguntas a ellos también. (Recuerda las expresiones útiles que aprendiste en el Capítulo preliminar y el Capítulo 1 para hacer preguntas, para pedir aclaraciones y para interrumpir.)

Track 4-3

CONVERSACIÓN 3: Solicitar un empleo: Información sobre el puesto

Antes de escuchar

4-19 ¿Qué quieres saber tú? Ahora, supongamos que ustedes están solicitando un puesto, ¿qué les gustaría saber sobre el empleo y sobre la empresa?

1. el trabajo **2.** el sueldo **3.** las prestaciones

4. las oportunidades **5.** la empresa **6.** ???

4-20 ¿Cómo son las condiciones de trabajo? Son también importantes las condiciones de trabajo. En la última conversación, es decir en la última parte de la entrevista, el aspirante le hace preguntas a la directora de personal sobre las condiciones de trabajo. Prepara una lista de preguntas sobre el puesto de vendedor para hacerle a la directora de personal durante la entrevista. A ver si sabes de antemano algunas de las preguntas que hará el aspirante.

___

___

___

___

___

Escuchar

4-21 Ahora le toca a él Durante la tercera parte de la entrevista le toca al aspirante hacer preguntas. Escucha la conversación sobre las condiciones de trabajo y contesta las siguientes preguntas.

1. ¿Qué quiere saber el aspirante?

____

____

____

____

____

____

2. ¿Qué le dice la directora de personal?

____

____

____

____

____

____

4-22 ¿Qué más? Escucha la tercera parte de la entrevista una vez más y contesta las siguientes preguntas.

1. ¿Qué le importa más al aspirante a este puesto?

____

2. ¿Por qué pregunta si le van a proporcionar carro?

____

3. ¿Crees tú que la directora de personal tiene en realidad un puesto importante en la empresa? Explica por qué sí o por qué no.

____

4. ¿Crees que el aspirante tiene mucha confianza en sí mismo? ¿Por qué te parece que sí o que no?

____

4-23 ¿Cómo se diría en inglés? Escucha una vez más la tercera conversación, pensando en el sentido de las siguientes expresiones. ¿Qué expresiones usarías tú en inglés para expresar cada una de ellas?

1. Dígame... ______________________________
2. Ya entonces... ______________________________
3. Pero, perdone la pregunta... ______________________________
4. La verdad es que... ______________________________
5. Bueno... ______________________________
6. en realidad... ______________________________
7. Sí, como no. ______________________________
8. Ya, muy bien. ______________________________
9. Le hago otra pregunta. ______________________________
10. Ajá. ______________________________
11. Luego,... ______________________________
12. Entonces, así, sí. ______________________________
13. Le agradezco mucho su tiempo. ______________________________
14. Muy amable. ______________________________
15. Muchas gracias. ______________________________

4-24 ¿Qué dijeron? Escucha la última parte de la tercera conversación y escribe las partes que faltan.

Ah, ______________. Y ______________, ¿quién sería mi ______________? ¿Mi jefe ______________ es vendedor?

No, su jefe sería uno... uno de los ______________ de la región.

Ah, ya, ya. Y los productos, eh, ¿se venden ______________ o ______________ ______________?

Ah, ______________, ¡como no! Todo el mundo está, eh, muy contento con nuestros productos.

Ah, ______________, ______________ así, sí...

Sí. ________________ , señor Martínez, ________________

________________ ________________ y ________________ le

avisaremos sobre nuestra decisión.

________________ , ________________ ________________ mucho su

tiempo, señorita. ________________ ________________.

________________ ________________.

Después de escuchar

Expresiones útiles para pedir informes sobre un empleo

Perdone la pregunta.	*Pardon the question.*
Otra pregunta.	*Another question.*
¿Aquí pagan bien?	*Do they pay well here?*
¿Cuántos empleados hay aquí?	*How many employees are there here?*
¿Quién sería mi jefe?	*Who would be my boss?*
¿Es fácil o difícil?	*Is it easy or difficult?*
¿Me puede explicar las prestaciones?	*Can you explain the benefits?*
¿Me podría describir el ambiente de trabajo?	*Would you please describe the work atmosphere?*
¿Hay posibilidades de desarrollo profesional?	*Are there professional advancement opportunities?*
Me gustaría saber algo sobre las condiciones de trabajo.	*I would like to know something about the working conditions.*
¿Cuánto es el sueldo?	*What is the salary?*

Expresiones útiles para dar informes sobre un empleo

La verdad es que son buenos.	*The truth is that they are good.*
Sí, claro.	*Yes, of course.*
Pues, me parece que tienes razón.	*Well, it seems to me that you're right.*
Si no me acuerdo mal, como veinte.	*If I don't remember incorrectly, about twenty.*
Eso no sé.	*That I don't know.*
A mí me parece bien.	*It seems good to me.*
Y con razón.	*And rightly so.*
No se preocupe.	*Don't worry.*

4-25 ¿Qué opinas tú? ¿Qué recomiendas? ¿Deben ofrecerle al aspirante el puesto de vendedor? ¿Por qué sí o por qué no?

4-26 Los "Seis C" Según algunos expertos, hay seis tipos vocacionales, los "Seis C". En grupos de tres estudiantes, lean las seis categorías; luego, clasifiquen cada uno de los trabajos que se encuentran a continuación.

C-1: **Comerciante,** tiene tendencias hacia las actividades de venta, supervisión y transacción comercial.

C-2: **Concreto,** con tendencias hacia el manejo concreto y práctico de elementos y circunstancias, la objetividad, el realismo y el trabajo manual.

C-3: **Conformista,** prefiere hacer lo que la sociedad prescribe; es conservador y sociable; se viste de acuerdo con lo establecido.

C-4: **Cooperativo,** tiende a asumir actividades que demuestran su interés por los demás; sociable, eficiente y responsable.

C-5: **Creativo,** tiende a guiarse por la emoción, los sentimientos y la imaginación; introspectivo pero sociable; impulsivo y expresivo.

C-6: **Curioso,** con tendencia al empleo de la inteligencia para resolver los problemas de la vida mediante el análisis lógico y el manejo de las ideas.

(Adapted from: *Cómo descubrir tu vocación,* Francisco d'Egremy A., Anaya Editores, S. A., Editora Mexicana de Periódicos, Libros y Revista, S. A., pp. 92-97.)

mecánico(a) ________

biólogo(a) ________

administrador(a) ________

banquero(a) ________

contador(a) ________

fotógrafo(a) ________

peluquero(a) ________

filósofo(a) ________

músico(a) ________

licenciado(a) en mercadotecnia ________

Comparen sus clasificaciones con las de los otros estudiantes.

Le gustaría que le pagaran por ir al banco, ir de compras, viajar en avión....

Somos expertos en servicio al cliente y buscamos personas en todo el país, que como compradores incógnitos nos ayuden a evaluar y mejorar el servicio en bancos, concesionarios, supermercados, etc., y además tengan un ingreso adicional. Por favor visite nuestra página informativa http://www.consumershead.com/ms.html y envíenos su hoja de vida CON FOTO, aclarando ciudad de residencia y teléfonos al apartado aéreo No. 240505 de Bogotá

4-27 La selección de una carrera Ahora, con un(a) compañero(a), haz tú el papel de un(a) estudiante que no sabe qué carrera debe seguir y el otro el papel de un(a) consejero(a) universitario(a) que te hace preguntas para orientarte. Para prepararse, hagan ambos una lista de preguntas adecuadas.

____

____

____

____

____

El(La) consejero(a) puede tomar apuntes durante la entrevista y consultar con el(la) estudiante para hacerle una recomendación.

____

____

____

____

____

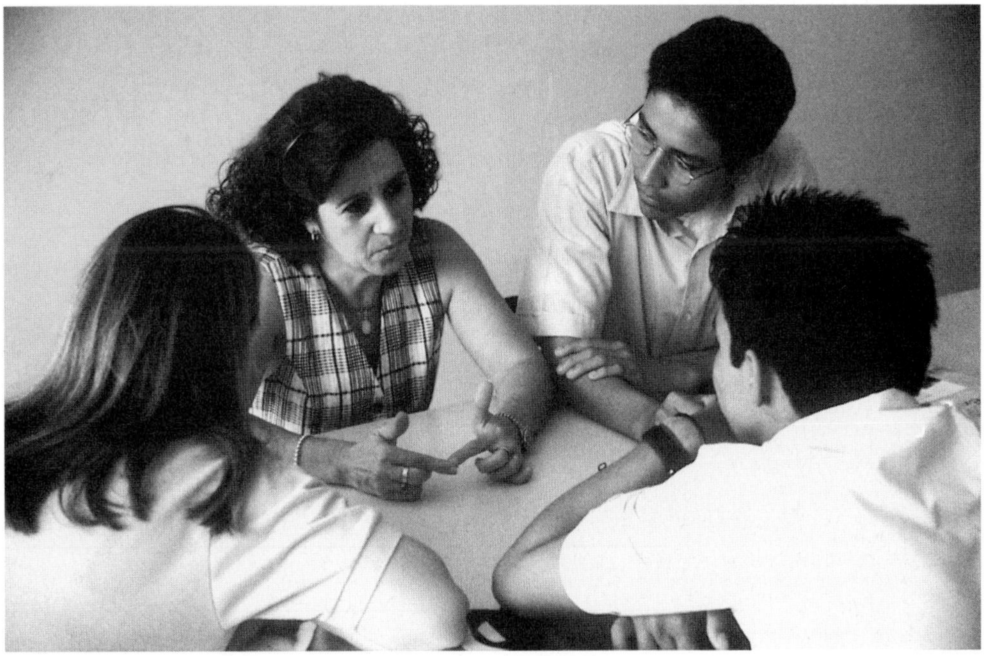

Situaciones

4-28 Los objetivos profesionales de tus compañeros de clase 1. Con tres compañeros de clase piensen en los aspectos que les parezcan más importantes de un empleo. Por ejemplo: ¿Qué creen que es más importante, un buen sueldo o la seguridad en el empleo? 2. Preparen una lista en la pizarra de todas las ideas de los estudiantes. 3. Luego, hagan una encuesta para saber cuáles les parecen más o menos importantes. 4. Por último, cuéntales a tus compañeros tus planes futuros y explícales por qué has escogido esa carrera.

4-29 Un buen trabajo ¿Cómo se consigue un buen trabajo? En grupos, preparen ustedes una lista de las observaciones y recomendaciones que puedan ser útiles cuando se está buscando un buen empleo. Después, comparen su lista con la de los otros grupos.

1. cómo averiguar cuáles son las ofertas de trabajo y las plazas vacantes que hay:

____

____

____

2. cómo solicitar el puesto:

____

____

____

3. cómo presentarse favorablemente en una entrevista:

____

____

____

4. cómo mantener el puesto y no perderlo:

____

____

____

Habla el mesero. ¿Qué crees que dice?

4-30 Un buen trabajador Lee la introducción y la lista de doce cualidades. Luego, arréglalas en orden de la más importante a la menos importante. Compara tu lista con la de tus compañeros.

Fórmula de los ganadores

"Cada actividad profesional tiene sus ganadores... Estos 'magos' o 'gurúes' hacen cosas que inciden en el alza de la productividad. Según una investigación que duró más de veinte años —observando el trabajo de miles de ejecutivos en el mundo— [llegó a concluir qué son] las cualidades sobresalientes de los triunfadores..."

1. Son *pensadores efectivos.*
2. Tienen una cuota constante de *entusiasmo.*
3. Son más productivos por su *experiencia.*
4. Dicen que el éxito es *trabajo de equipo.*
5. Tienen una *imaginación* activa.
6. Trabajan con *determinación.*
7. Solicitan *consejos.*
8. Tienen un alto sentido de *responsabilidad.*
9. Hacen todo con gran *motivación.*
10. Están listos para hacer *sacrificios* personales.
11. Están listos para aceptar los *riesgos.*
12. Siguen sus objetivos con *perseverancia.*

"¿Cómo le gustaría pagar? ¿En efectivo o con tarjeta de crédito?"

4-31 Nuevas oportunidades de trabajo Con un(a) compañero(a) estudia las siguientes oportunidades de trabajo e inventa tres más.

1. Trabajos nuevos:

____

____

____

2. Trabajen juntos para preparar una lista de las cualidades esenciales del (de la) aspirante ideal para cada puesto.

   a. ______________________________

   ____

   ____

   b. ______________________________

   ____

   ____

   c. ______________________________

   ____

   ____

3. Luego, presenten su lista inventada a los otros miembros de la clase. Si quieren, pueden pedir solicitudes y escoger al (a la) mejor candidato(a) para cada uno de los trabajos.

4-32 Los anuncios clasificados Trabajen en parejas. El (La) profesor(a) le dará un anuncio diferente a cada uno del grupo.

1. Lee el anuncio y decide si te gusta o no y por qué.
2. El (La) compañero(a) te hará preguntas sobre el empleo y sobre si deseas, o no obtenerlo.
3. El (La) compañero(a) le describirá el empleo a la clase, y le dirá si lo quieres o no y por qué.

4-33 Una escena Entrevista para un puesto como mesero(a) en un restaurante.

1. El (La) director(a) de personal trata de asustar al (a la) aspirante porque quiere que un(a) amigo(a) suyo(a) consiga el puesto. Le habla de las desventajas del empleo.
2. El (La) aspirante al puesto no tiene trabajo desde hace seis meses y está desesperado(a). Le importa muchísimo causarle buena impresión al (a la) director(a) de personal y conseguir el puesto.

Fuera de clase

4-34 El Internet ¿Se puede encontrar trabajo en el Internet? Busca en el Internet trabajos

1. en que se hable español y/o

2. en que se trabaje en un país de habla española. Anota los que encuentres, y trae la lista a la clase para compartir la información con tus compañeros.

4-35 El mundo del empleo Busca una persona que tenga un empleo en el que habla español. Entrevístalo(la) para averiguar algo de:

1. el empleo que tiene y

2. las cualificaciones necesarias para obtener un empleo de este tipo. Descríbeles a tus compañeros el empleo y las cualificaciones.

4-36 Escribir Escríbele una carta al profesor Fulano, que es psicólogo y bien conocido como consejero de carreras. Tú todavía no estás seguro(a) de lo que quieres hacer en el futuro. ¿Qué carrera te dará más placer y más satisfacción? Es posible que el profesor Fulano te pueda ayudar. Sigue el plan indicado con la libertad de añadir cualquier otra información que quieras.

Presentarte.

Explicarle por qué le escribes.

Describirle cómo eres.

Darle un resumen de tu educación.

Darle un resumen de tu experiencia fuera de clase —los trabajos y otras actividades.

Describirle tus aptitudes.

Hablarle de lo que te gusta y lo que no te gusta.

Darle las gracias.

Vocabulario

Palabras y expresiones que quiero recordar

CAPÍTULO

5

Planning and Organizing

Primero tenemos que decidir...

Introducción

Los viajes

5-1 Nuevos horizontes ¿Alguna vez has tenido la oportunidad de "enfrentarte con nuevos horizontes", como quiso Snoopy, por medio de un viaje a un lugar diferente y estimulante? ¿Adónde viajaste en esa ocasión? Comparte con un grupo de cuatro o cinco compañeros de clase adónde fuiste y cómo el viaje amplió tus horizontes.

5-2 Una situación agradable Por ser un(a) excelente estudiante de español, ganaste la oportunidad de tomar tres semanas de vacaciones pagadas, a cualquier sitio del mundo de habla española, pero tienes que hacer un buen plan y llevar a dos o tres compañeros de la clase de español. Primero, decide tú las siguientes preferencias. Luego, busca a dos o tres estudiantes que tengan más o menos los mismos gustos que tú. Con ellos, vas a planear un viaje a través de este capítulo.

A. ¿Qué te gustaría visitar? Pon en orden de preferencia (1, 2, 3,...) los siguientes sitios.

____ museos de arte

____ sitios arqueológicos

____ monumentos y edificios históricos

____ montañas

____ playas

____ museos de historia/antropología

____ otro(s): ______________________________

B. ¿Qué climas te gustan más? Pon en orden de preferencia los siguientes climas.

____ lugares fríos, con nieve y hielo

____ lugares tropicales, con selvas lluviosas

____ sitios templados, ni fríos ni calurosos

C. ¿Qué tipo de lugar prefieres? Ponlos en orden de preferencia.

____ ciudades grandes

____ ciudades medianas

____ pueblos pequeños

____ el campo/lugares rurales

D. ¿Cómo prefieres viajar?

____ en avión

____ en tren

____ en un carro particular o alquilado

____ en un barco grande

E. ¿Con quién(es) prefieres viajar?

____ con un tour organizado

____ con unos amigos y/o amigas

____ solo(a)

____ con tu familia

____ con cualquier persona o grupo que tenga los mismos gustos

Ahora, ¿cómo se llaman los dos o tres estudiantes de la clase de español que van a ser tus compañeros de viaje? Escribe sus nombres a continuación:

1. ______________________________

2. ______________________________

3. ______________________________

Escuchar y practicar

Track 5-1

CONVERSACIÓN 1: ¿Adónde vamos?

Antes de escuchar

5-3 Mi lugar preferido Para prepararte a escuchar la primera conversación, trabaja con tres o cuatro compañeros. Escucha las opiniones de tus compañeros, y coloca en orden de preferencia los tres lugares que les llaman más la atención, de la siguiente lista. (¿Necesitan buscar datos en la biblioteca o el Internet?)

____ México, D.F. (la capital; una de las ciudades más grandes del mundo)

____ Puerto Vallarta y Acapulco (playas)

____ Guatemala (las ruinas mayas y los pueblos indígenas de la Meseta Central)

____ Costa Rica (San José; las playas del Pacífico; la selva de la costa del Caribe)

____ Colombia (Bogotá, en los Andes; Cartagena, en la costa del Caribe)

____ Ecuador (Quito y otros lugares interesantes de los Andes; las Islas Galápagos)

____ Perú (Lima, la capital; Cuzco, ciudad indígena y colonial; y Machu Picchu, las ruinas antiguas de los Incas en la selva)

____ Chile (Santiago y la costa del sur)

____ Argentina (Buenos Aires y las Pampas)

____ España (Madrid, Barcelona y la Costa del Sol)

Escuchar

5-4 ¿Ecuador, Perú o Argentina? En la primera conversación, tres personas planean un viaje a Sudamérica. Escucha la grabación y marca en el mapa los países, las ciudades y las otras atracciones que quieren visitar los tres jóvenes.

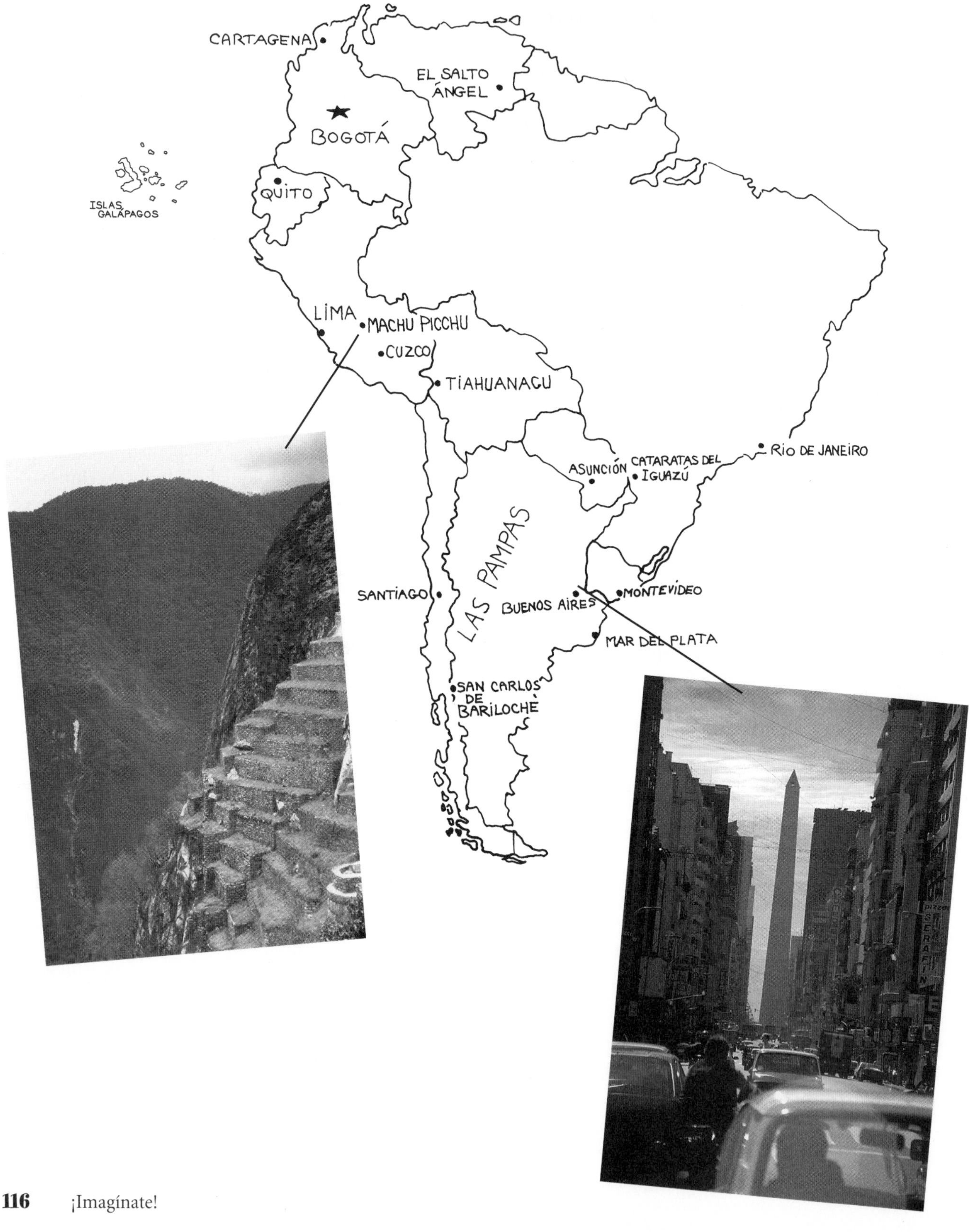

5-5 Más sobre los planes Escucha la conversación otra vez y contesta las siguientes preguntas.

1. ¿Cuánto tiempo de vacaciones tienen? ______________________________

____

2. ¿En qué fecha comenzarán las vacaciones? ______________________________

3. ¿Con qué país piensa comenzar la señorita? ______________________________

¿Por qué? ¿Qué hay allí? ______________________________

4. ¿Qué palabras usaron para describir los lugares? Ejemplo:

Sudamérica: genial

Quito: ______________________________

Montevideo: ______________________________

Machu Picchu y Tiahuanacu: ______________________________

5-6 ¿Cómo dicen...? Escucha una vez más y apunta las palabras que usan para expresar las siguientes ideas.

1. "Listen to this." ______________________________

2. Otra expresión que significa "dos semanas".

____

3. "Shall we go together?" ______________________________

4. "Good idea." ______________________________

5. "I would love to go to Ecuador." ______________________________

____

6. "really"/"actually" ______________________________

7. "I've heard of that." ______________________________

8. "Wait and see." ______________________________

Después de escuchar

Expresiones útiles para planear un viaje

Bueno, ¿por dónde comenzamos?	*OK, where shall we begin?*
Primero tenemos que (decidir adónde vamos).	*First we have to (decide where we're going).*
¿En qué fechas vamos a viajar?	*What dates shall we travel?*
¿Vamos a (alquilar un coche)?	*Shall we (rent a car)?*
Propongo que (vayamos a...).	*I propose we (go to . . .).*
No, yo prefiero...	*No, I prefer . . .*
¿Por qué quieres (acampar)?	*Why do you want (to camp)?*
...está más cerca.	*. . . is closer.*
¿Qué te parece la idea?	*How do you like the idea?*
¡Qué buena idea!	*What a good idea!*
Eso (no) me gusta mucho.	*I (don't) like that (a lot or very much).*
¿Cuánto dinero vamos a necesitar?	*How much money are we going to need?*
¿Cuánto es, en (pesos)?	*How much is it in (pesos)?*

5-7 Empecemos a planear nuestro viaje Tú y dos o tres otros estudiantes ya compararon sus gustos en general. Ahora van a empezar a planear su viaje. Con la ayuda del Internet, de sus amigos o familiares de la biblioteca y de cualquier otro recurso que tengan, busquen información sobre los países que quizás quieran conocer. Necesitan encontrar datos y ponerse de acuerdo, para llenar el siguiente formulario. No se olviden de que podrán hacer el viaje, con tal que hayan hecho un buen plan.

País(es) del viaje: ____________________

Fechas del viaje (tres semanas): ____________________

Alojamiento (hotel o...): ____________________

Medios de transporte: ____________________

Actividades: ____________________

____

Ropa que van a necesitar: ____________________

____

____

Otras cosas que van a llevar: ______________________________

____

Cantidad de dinero que piensan llevar, en la moneda del país: ______________________________

____

(Antes de continuar, vamos a escuchar la segunda conversación.)

Track 5-2

CONVERSACIÓN 2: Los planes para el viaje

Antes de escuchar

5-8 Los quehaceres ¿Qué hay que hacer para planear un viaje a otro país? Con dos compañeros, hagan una lista de los preparativos necesarios para viajar a España, por ejemplo.

Conseguir el pasaporte

____

____

____

Escuchar

5-9 Tú te encargas de... En la segunda conversación, el grupo de amigos habla sobre los preparativos que tienen que hacer para sus vacaciones. ¿De qué cosas tienen que encargarse? Escucha la conversación y haz una lista de los preparativos.

Los pasaportes ______________ ______________

______________ ______________

______________ ______________

5-10 Apuntes Escucha otra vez la conversación y apunta las formas de **encargarse de,** *to take charge of,* que oigas.

ejemplo:
Yo me voy a encargar de la organización de esto.

____

____

____

5-11 Para hablar de las tareas ¿Qué otras expresiones usan para decidir quién va a hacer las diversas tareas? Escucha y llena los espacios en blanco.

— ¿Quién se encarga de los pasajes?

— Los pasajes, yo puedo ______________ .

— ¿______________ las reservaciones?

— Sí, en cuanto tú nos ______________ cuándo vamos a ______________ , hago las reservaciones.

— ______________ ______________ ______________ ______________ una lista de todas las cosas que tenemos que ______________ .

— Sí, porque vamos a necesitar ______________ de abrigo y también ropa de ______________ .

— ¿Qué ______________ de cámara creen ustedes que ______________ llevar? ¿Video, cámara para diapositivas, cámara ______________ ?

— De los tres tipos, digo yo.

— Bueno. Y, ¿cuántas ______________ puede ______________ cada uno ?

— Cuando haga las reservaciones de avión, preguntaré.

Después de escuchar

5-12 Volvamos a planear los detalles Con tus dos o tres compañeros, planeen lo que tienen que hacer antes de ir al aeropuerto, para poder viajar en las fechas que escogieron. ¿Quién va a hacer cada cosa? Cada miembro del grupo se encarga de algunas tareas.

Preparativo	Persona encargada
______________________	______________________
______________________	______________________
______________________	______________________
______________________	______________________
______________________	______________________

Track 5-3

CONVERSACIÓN 3: Los últimos preparativos

Antes de escuchar

5-13 ¡Ya llegó el día! Tu grupo necesita ir al aeropuerto, donde hay que hacer más arreglos. Contesten las siguientes preguntas.

1. ¿Cómo van al aeropuerto internacional? ______________________
____
2. En el aeropuerto, ¿qué hacen con las maletas? ______________________
____
3. ¿Qué hacen con los pasajes? ______________________
____
4. ¿Cómo consiguen los asientos? ¿Qué asiento prefieres, pasillo, ventanilla o asiento de en medio? ______________________
5. ¿Tienen que pasar por la oficina de migraciones para presentar el pasaporte y pagar algún impuesto? ______________________
6. ¿Qué quieren comprar en la tienda libre de impuestos? (Por ejemplo, ¿perfumes, joyas, aparatos electrónicos?) ______________________
____
7. ¿Qué tienen que hacer al pasar por el control de seguridad? ______________________
____

¡Ya pueden pasar a la puerta de embarque! ¡Feliz viaje!

¡Dispense! ESTE ASIENTO ESTA OCUPADO

Escuchar

5-14 ¡Planes y más planes! En la tercera conversación, los tres amigos planean lo que van a hacer al día siguiente, cuando comiencen su viaje. Hacen un plan, pero después recuerdan que hay mucho que hacer en el aeropuerto y van a necesitar más tiempo. Escucha la conversación varias veces y contesta las siguientes preguntas.

1. ¿A qué país van? (Entre los tres, ¿quién ganó lo que quería en la primera conversación?)

   ____

2. ¿Cómo van al aeropuerto?

   ____

3. ¿Qué necesitan hacer en el aeropuerto? Apunta al menos tres cosas que tienen que hacer.

   ____

   ____

   ____

4. Finalmente, ¿a qué hora piensan estar en el aeropuerto? ______________

5. ¿A qué hora van a pasar por la señorita? ______________

5-15 ¿Qué dijeron? Escucha la conversación otra vez y escribe las siguientes expresiones en español.

1. How exciting! ______________

2. Exactly. ______________

3. Oh, yes, of course. ______________

4. shortwave radio ______________________________

5. Perfect! ______________________________

6. 7:45 ______________________________

7. I'll pick you up . . . ______________________________

8. Fantastic! I can't wait. ______________________________

____

9. I'm dying to get going. ______________________________

10. I'm ready to travel right now! ______________________________

____

Después de escuchar

Estés donde estés
recuerda que siempre
habrá un lugar
esperándote aquí.
¡Buen viaje!

5-16 Sentimientos mezclados Imagínate que tú y tu grupo han pasado tres semanas excelentes de vacaciones y han conocido a otros jóvenes del país, que los llevan a ustedes al aeropuerto para despedirlos. Se sienten muy tristes de tener que decirles "Adiós", y un(a) amigo(a) te da una tarjeta especial. ¿Qué tarjeta le das a él (ella)? Escribe tu tarjeta, expresando los sentimientos que te parezca que sentirías en esta situación.

5-17 Una presentación Tú y tu grupo han regresado del viaje que planearon, y ahora están invitados a hacerle una presentación (PowerPoint) a otra clase de español. Preparen su presentación, en la que van a usar video y/o fotos. Cada miembro del grupo presentará un aspecto de lo que vieron e hicieron. Por ejemplo, uno puede hablar de los monumentos, otro de la comida, otro de los paisajes. Todos hablarán de sus experiencias y actividades.

Primero, busquen datos y materiales en el Internet y en la biblioteca. Traten de encontrar ayudas visuales: fotos, mapas, artesanías, tablas de información, carteles, etc. En la presentación, pueden usar notas pero no deben leerlas. Recuerden que el propósito de la presentación es que los otros estudiantes aprendan mucho sobre el lugar, y que tengan ganas de hacer el mismo viaje en el futuro.

Expresiones útiles para describir y explicar fotos

Ese monumento es el (la)...	*That monument is the . . .*
Este es el (Museo del Prado).	*This is the (Prado Museum).*
Estos (Esos) son unos turistas.	*These (Those) are some tourists.*
¿Pueden ver (los animales)?	*Can you see (the animals)?*
La ciudad es muy grande y fascinante.	*The city is very large and fascinating.*
Es un sitio verde, porque llueve mucho.	*It's a green place because it rains a lot.*
Son unas ruinas antiguas.	*They're ancient ruins.*
Fue muy divertido (aburrido/interesante).	*It was a lot of fun (very boring/interesting).*
Lo que a mí me gustó/ impresionó más fue...	*What I liked most/ impressed me most was . . .*

Situaciones

5-18 El itinerario Una estudiante española va a llegar mañana a pasar una semana contigo y con otro(a) compañero(a). Es una muchacha alegre que quiere conocerlo todo. Hagan un plan para que ella conozca bien la ciudad y sus alrededores y para que disfrute de una estadía agradable.

¿Adónde la llevarán? ______________________________

¿Qué actividades harán allí? ______________________________

____

¿Cómo viajarán? ______________________________

¿Cuál será el itinerario? ______________________________

____

¿Dónde y qué comerán? ______________________________

____

Expresiones útiles para expresar preferencias

Es imprescindible que vea...	*It's essential that she see . . .*
Yo quisiera llevarla a...	*I'd like to take her to . . .*
Creo que debe conocer...	*I think she ought to see . . .*
Vamos a llevarla a...	*Let's take her to . . .*
No, el otro es mejor porque...	*No, the other one is better because . . .*
¡Pero es/está demasiado . . . !	*But it's too . . . !*

5-19 ¿Eres un(a) buen(a) viajero(a)? Tú vas a viajar a México con un(a) compañero(a). Tomen el siguiente examen, para ver si son buenos viajeros y para averiguar si se van a entender. Las preguntas fueron formuladas a base de entrevistas con docenas de agentes de viajes, funcionarios y guías de turismo, que señalaron las cualidades de los buenos viajeros. Si no han viajado a otro país, contesten como les parezca que reaccionarían.

¿Sí o no?

____ **1.** ¿Tienes miedo de viajar solo(a)?

____ **2.** ¿Te enojas cuando estás en un hotel que no tiene agua caliente, papel higiénico u otras cosas a las que estás acostumbrado(a)?

____ **3.** ¿Tratas de conocer las costumbres y la historia de un país antes de visitarlo?

____ **4.** ¿Tiendes a discutir si piensas que te están cobrando de más, o si esperan que les des una propina?

____ **5.** ¿Tiendes a unirte a algún (alguna) compañero(a) de viaje?

____ **6.** ¿Tratas de hablar el idioma del lugar?

____ **7.** ¿Te alejas de los lugares más frecuentados por los turistas?

____ **8.** Cuando regresas a casa, ¿encuentras tu equipaje repleto de ropa que nunca usaste durante el viaje?

____ **9.** ¿Haces esperar a tus compañeros de viaje mientras tomas fotografías o compras recuerdos?

____ **10.** ¿Te gusta probar platos nuevos o diferentes?

____ **11.** ¿Llevas siempre un pequeño botiquín de primeros auxilios, pensando que puede ocurrir una emergencia?

____ **12.** ¿Estás obsesionado(a) por la posibilidad de perder tus joyas o tu dinero durante el viaje?

____ **13.** ¿Protestas en voz alta si no te agrada el restaurante, el motel, la posada o el hotel?

____ **14.** ¿Tratas de imitar a los habitantes del país que visitas, en cuanto a las costumbres y al modo de vestir?

____ **15.** Cuando estás de viaje, ¿te preocupas por lo que estará sucediendo en casa?

Respuestas

Tus respuestas deben ser **NO** a todas las preguntas excepto 3, 6, 7, 10 y 11.

Puntuación

12 a 15 correctas: El mundo es tuyo. Eres un(a) viajero(a) nato(a) que disfruta de todas las nuevas experiencias y, lo que es más, eres un(a) buen(a) embajador(a) de tu país o de tu comunidad. Eres admirado(a) y bien recibido(a) tanto por las personas locales como por tus compañeros de viaje.

8 a 11 correctas: Eres un(a) viajero(a) muy bueno(a), pero a veces eres demasiado egoísta y te preocupas mucho por divertirte a tu gusto.

4 a 7 correctas: Estarás más contento(a) si viajas en grupo con un guía. Selecciona viajes que te lleven a lugares parecidos a tu país natal. Trata de analizar tus problemas de viaje. Pierdes muchas experiencias valiosas porque no sabes disfrutar de todo lo que te pueden brindar los otros países.

1 a 3 correctas: ¡Quédate en casa!

(Adapted from pp. 128–130 of *Tests para conocer a los demás,* by Jane Serrod Singer, Editoriales Asociados Mexicanos, S.A. (Edamex), México D.F., México.)

¿Cómo saliste? ¿Son ustedes parecidos?

Expresiones útiles para expresar opiniones

A mí me parece que (somos buenos turistas).	*I think (we're good tourists).*
Somos muy (diferentes/semejantes).	*We are very (different/similar).*
Yo debo viajar con un grupo.	*I should travel with a group.*
Tú no.	*You shouldn't either.*
Y tú tampoco.	*And you shouldn't, either.*
Es mejor (no) hacer eso porque...	*It's better (not) to do that because . . .*
Yo pienso de otra manera.	*I have a different opinion.*

Ahora, con todos tus compañeros, hablen sobre las cualidades de un buen turista. ¿Qué piensan del "examen"?

5-20 Unos consejos para estar seguro(a) Aunque es importante ser un buen turista, hay que cuidarse cuando se viaja en lugares desconocidos. ¿Tienes miedo de viajar? ¿Has oído que los turistas sufren robos, asaltos y otros contratiempos? He aquí unos consejos para viajeros a fin de que se cuiden y tengan un buen viaje. Lee el artículo y habla sobre los consejos con otros estudiantes: Primero, en grupos de dos, cada grupo trata sobre uno o dos consejos de la lista; luego, le presentan a la clase el consejo y sus propias ideas. ¿Qué les parecen las sugerencias? ¿Tienen ustedes otras opiniones o ideas para evitar las malas experiencias? (¿Encuentran alguna relación con el "examen" de la Actividad 5-19?)

J2 DESTINOS EL UNIVERSAL Domingo 13 de octubre de 2002

Viajero precavido...

Courtney Caldwell
American Woman Road & Travel Magazine

Gente de cualquier parte del mundo, planea cada año realizar viajes de aventura o ecoturismo fuera de su país, pero al hacerlo es importante que se preparen para lo inesperado, pues el índice de secuestros, asaltos, robos a habitaciones de hotel y otros delitos va en ascenso.

Tenga en mente los siguientes consejos al viajar al extranjero:

1.- Siempre que pueda, evite los taxis. Pida al administrador del hotel que le recomiende un chofer o un servicio de renta de autos.

2.- Si tiene que tomar un taxi, no dé información acerca de su viaje, la duración o la razón de éste al chofer. No es asunto de nadie más que de usted.

3.- Ponga usted mismo su equipaje en el maletero del auto cuando el chofer se baje y lo abra.

4.- Pida cuartos en pisos inferiores del hotel, pero no en la planta baja. Los cuartos de la planta baja son los más inseguros. Pero los cuartos más arriba del sexto piso están demasiado altos en caso de que haya una emergencia.

los más inseguros. Pero los cuartos más arriba del sexto piso están demasiado altos en caso de que haya una emergencia.

5.- La mayoría de los hoteles no son seguros. Compre candados para asegurar sus pertenencias

6.- Si hay alguien esperándolo en el aeropuerto, proporcione una clave que solo conozcan usted y la persona o compañía que lo espera, no exponga su nombre en una pancarta.

7.- Lleve una linterna pequeña. Tenerla a mano lo hará sentirse más seguro si se va la luz.

8.- Siempre ponga el letrero de "no molestar" en la puerta, y no deje que entren personas sin identificarse a su cuarto. Verifique quién es a través de la mirilla de la puerta.

9.- Si es una mujer viajando sola, compre un paquete de calzoncillos de hombre. Antes de abrir la puerta del cuarto, ponga el paquete sobre la cama, abra la llave de la regadera y cierre la puerta del baño. El visitante pensará que hay alguien más con usted.

10.- Al salir del cuarto, deje el letrero de "no molestar" en la puerta y prenda la televisión en un canal local. Si alguien quisiera entrar, pensará que hay alguien y que es del lugar.

11.- Compre broches plásticos para el equipaje y póngalos cuando salga del cuarto. No evitará que abran su equipaje, pero usted sabrá si alguien lo hizo y si se llevaron algo o si le "sembraron" algo ilegal.

12.- Nunca se quede en un hotel que proporcione tradicionales llaves. Los hoteles que usan tarjetas de acceso son más seguros. El personal podría darle las llaves a alguien más.

13.- Lleve ropa cómoda y trate de mezclarse con la gente. Usar el último grito de la moda podría atraer a ladrones potenciales o a defraudadores, ya que sabrán que es extranjero y que tiene dinero.

14.- No revele su nacionalidad. Usar una camiseta "de moda" que revele su nacionalidad generalmente atrae a criminales. Trate de verse como el resto de la gente.

15.- No use tarjetas de presentación para identificar su equipaje, ni ninguna de las tarjetas de crédito famosas, ni etiquetas de diseñador que proporcionan más información de la absolutamente necesaria. Los ladrones generalmente buscan marcas famosas.

16.- No se distraiga mientras va de paseo. Los criminales trabajan en pareja o en grupos y utilizan distracciones para tener tiempo de robar al turista distraído. (Distribuido por el Servicio de Noticias de Scripps Howard).

Fuera de clase

5-21 Una entrevista colectiva Inviten a alguien que haya visitado un país de habla española a la clase para que les hable y muestre fotos, videos, etc. La persona escogida debe ser alguien que hable bien el español. Pídanle que les dé consejos sobre cómo ser buenos viajeros en ese lugar. Tomen apuntes sobre lo que dice, incluso las expresiones que usa para describir, explicar y aconsejar.

5-22 ¡Vamos a escribir!

A. Escoge una de las siguientes situaciones y sigue las instrucciones.

1. Tú eres empleado(a) de habla española de la Cámara de Comercio de tu ciudad, la cual quiere atraer a muchos turistas de todas partes del mundo. Prepara un volante muy original, en el que describas las ventajas que les ofrece tu ciudad a los dichosos turistas que la escojan para sus vacaciones.

2. Tienes una familia adoptiva en Argentina, porque viviste allá el año pasado como estudiante de intercambio. Tu "hermano(a)" va a venir a pasar un mes contigo. Escríbele una carta o un mensaje por correo electrónico para explicarle lo que piensas que pueden hacer durante la visita y lo que debe traer en las maletas. Dale cualquier otro consejo para que disfrute al máximo de su visita.

3. Te gustó tanto el viaje que hiciste con tus compañeros de clase en este capítulo, que escribes un artículo sobre el viaje. Describe el viaje, los detalles del país o los países que visitaron y tus impresiones personales.

4. ¿Qué sueños tienes para tu porvenir? Escribe una composición para describir la vida que tendrás en el futuro, según tus sueños. ¿Dónde vivirás? ¿Con quién(es)? ¿Qué harás? ¿Trabajarás? ¿Cómo pasarás tus vacaciones? ¿Tendrás familia? ¿Cuántos hijos tendrás?, etc.

B. Ahora, busca un(a) compañero(a) que haya escogido una actividad diferente de la tuya. Con él (ella), compartan lo que han escrito e intercambien sugerencias para hacer las revisiones. Pueden analizar la organización, la claridad de las ideas, la originalidad, la calidad del español y cualquier otro criterio que les parezca importante.

C. Revisa tu trabajo escrito y entrégaselo al (a la) profesor(a).

Vocabulario

Palabras y expresiones que quiero recorder

CAPÍTULO

6

Recounting Events, Listening to Anecdotes

Érase una vez...

Introducción

La familia

6-1 ¡Así son los niños! Mira el dibujo. ¿Te sorprendió lo que hizo el niño? ¿Te sorprendió la reacción del perrito? ¿Es un niño típico? ¿Es un perrito inteligente?

6-2 Una anécdota cómica El tema de este capítulo es la familia. La función comunicativa en que vamos a concentrarnos es la de escuchar y relatar historias. Es común escuchar las anécdotas que nos cuentan nuestros amigos y decirles también lo que nos ha pasado a nosotros. Contesta las siguientes preguntas. Luego conversa con dos compañeros y apunta las respuestas de ellos.

1. ¿Cuáles son las anécdotas favoritas de tu familia?

____

2. ¿A quién le relatas estas anécdotas?

____

3. ¿Qué anécdotas sabes de tus amigos?

____

4. ¿En qué situaciones relatan anécdotas tú y tus amigos?

____

5. ¿Cómo se reflejan los sentimientos del (de la) narrador(a) en su voz y en su manera de hablar?

____

Escuchar y practicar

Track 6-1

CONVERSACIÓN 1: Batman y Robin a la misión

Antes de escuchar

6-3 El mundo de la fantasía Es evidente que a los niños les gusta el mundo de la fantasía y que juegan en él como si fuera un mundo verdadero. Les gusta hacer el papel de madre, de padre, o de cualquier héroe o heroína de su vida. En parejas, hablen de las fantasías que creaban cuando eran niños(as).

1. ¿Qué escenas se imaginaban?
2. ¿Quiénes eran los personajes?
3. ¿Quiénes hacían los papeles?
4. Describan el argumento de los dramas.
5. ¿Por qué les gustaba tanto hacer un papel activo en estas fantasías?
6. ¿Qué importancia tiene esta clase de diversión en la vida de un(a) niño(a)?
7. ¿Hiciste algo peligroso alguna vez? ¿Qué pasó?
8. ???

6-4 Cuando yo era niño(a)... Vas a escuchar una anécdota sobre un juego imaginativo de dos chicos. Piensa en tus juegos de niño(a).

1. ¿Qué papeles hacías tú?
2. ¿Salían mal a veces?

Escuchar

6-5 ¿Qué pasó? La primera conversación trata de un niño y una niña que hacían el papel de Batman y de Robin. ¿Qué hacían los chicos? ¿Qué les pasó?

1. ¿Qué hicieron los dos niños?

____

2. ¿Cuál fue el resultado?

____

3. ¿Cómo los castigó su papá?

____

6-6 A mi parecer... Después de haber escuchado la conversación, ¿qué opinas tú?

1. ¿Qué te parece la anécdota?

____

2. ¿Es cómica o absurda?

____

3. ¿Crees que son así los niños?

____

4. ¿Hacías tú tales cosas?

____

5. ¿Qué te parece el castigo?

____

6. ¿Cómo te castigaban tus padres?

____

6-7 Más detalles Ahora escucha la conversación una vez más, buscando respuestas a las siguientes preguntas.

1. Según la persona que cuenta la anécdota, ¿cómo se describe el suceso?

____

2. ¿Quién les regaló los disfraces?

____

3. ¿Por qué hace su hermano el papel de Robin?

____

4. ¿De qué piso brincaron los dos?

____

5. ¿Dónde aterrizaron?

____

6. ¿De qué estaban llenos?

____

6-8 ¿Qué dijeron? Escucha la conversación otra vez y llena los espacios en blanco.

Te voy a contar algo ______________ ...

______________ que un día mi papá decide regalarnos los ______________ de Batman y Robin. Pues, mi hermano, como es el ______________ , él es Robin y yo soy la ______________ , entonces yo soy Batman.... Bueno, dos días ______________ , decidimos que Batman y Robin ______________ una ______________ ... Nos subimos al ______________ ... Nos tomamos de las manos y decimos: ¡Batman y Robin al rescate! y ______________ tejado, desde el tercer ______________ . Y en esas, mi ______________ llega... Claro que nos ve. Nos ve en el ______________ todos ______________ de las ______________ de las rosas de mi mamá... Bueno, nos pusieron en penitencia tres ______________ en la ______________ ... Mi papá no se ______________ con nosotros y nos sacó a la ______________ otra vez.

6-9 ¿Cómo se dice en inglés? Al relatar una anécdota el (la) que la cuenta usa algunas expresiones para comenzar la historia, otras para añadir algo y otras más para llamar la atención sobre algo. El (La) que escucha usa expresiones para demostrar comprensión e interés. ¿Cuál es la expresión equivalente en inglés para cada una de las expresiones siguientes? ¿Quién habla, la narradora o el oyente? ¿Cuáles son los equivalentes en inglés?

1. Te voy a contar... ______________ ______________
2. ...algo increíble... ______________ ______________
3. a ver... ______________ ______________
4. Imagínate... ______________ ______________
5. Claro. ______________ ______________
6. ¡Uy! ¡Qué horror! ______________ ______________
7. ¿Y los ve? ______________ ______________
8. Ay, ¡Díos mío! ______________ ______________
9. Bueno... ______________ ______________
10. Ah, eso lo comprendo. ______________ ______________

El muchacho habla. ¿Qué crees que dice?

Expresiones útiles para contar una historia o una anécdota

Escuchen, que les voy a contar algo increíble.	*Listen, I'm going to tell you something unbelievable.*
Les voy a contar algo que nos pasó un día.	*I'm going to tell you something that happened to us one day.*
Una vez...	*Once . . .*
Fíjense que...	*Just imagine that . . .*
No me van a creer.	*You're not going to believe me.*
Fue algo espantoso.	*It was something frightening.*
Fue divertidísimo.	*It was great fun.*

Creo que para variar me tomaré una leche malteada.

Y luego...	*And then . . .*
Oye, tengo que decirte.	*Listen, I have to tell you.*
¿Sabes lo que pasó?	*Do you know what happened?*
No vas a creer lo que me dijo.	*You're not going to believe what he (she) told me.*
Algo muy extraño nos pasó (ocurrió.)	*Something very strange happened to us.*

Expresiones útiles para comentar sobre una historia o una anécdota

¡Qué horror!	*How awful!*
Y luego, ¿qué pasó?	*And then what happened?*
Ay, ¡Dios mío!	*Oh, my goodness!*
Ah, eso lo comprendo.	*Oh, that I understand.*
Claro.	*Of course.*
Te escucho.	*I'm listening to you.*
Dime. (Cuéntame.)	*Tell me.*
Sí, sí, sigue.	*Yes, yes, go on.*
¿Sí? No lo puedo creer.	*Is that right? I can't believe it.*
¡No me digas!	*You don't say!*
Pero no me vas a decir que...	*But you're not going to tell me that . . .*
No, no lo creo.	*No, I don't believe it.*
Y ¿qué pasó después?	*And what happened afterwards?*

Después de escuchar

6-10 ¿Sabes lo que me pasó a mí una vez? Ahora te toca a ti contar una anécdota.

1. Piensa en todos los detalles de algo que te ocurrió cuando eras niño(a) y cuéntaselo a tus compañeros de clase. Primero, piensa en la escena. ¿Dónde estabas? ¿Quiénes estaban contigo? ¿Qué pasaba? Luego, piensa en lo que ocurrió. ¿Qué pasó? ¿Dónde y cuándo sucedió?

2. Formen grupos de tres o cuatro estudiantes. Cada miembro del grupo debe contar una anécdota sobre algo que le pasó en su niñez. Los otros deben decir algo para demostrar su comprensión e interés, y deben hacerle preguntas si hay algo que no entienden. Después, deben escoger una anécdota de las del grupo para presentársela a los demás.

3. Presenten las anécdotas seleccionadas de esta manera: cuando la persona que cuenta la historia llegue al punto culminante, debe detenerse para que los otros traten de adivinar el final.

Después, si no pueden adivinarlo, el (la) narrador(a) debe decirles lo que pasó de verdad.

Track 6-2

CONVERSACIÓN 2: Mi hermano(a) menor

Antes de escuchar

6-11 Los hermanos (amigos) mayores y los hermanos (amigos) menores
A veces los mayores creen que los menores son pesados (*bothersome*) porque quieren ir adonde van los mayores y hacer lo que hacen ellos. Quieren estar donde están ellos. Admiran mucho a los mayores porque quieren ser como ellos, pero es una admiración que los mayores muchas veces no quieren. Hablen en clase sobre las relaciones entre hermanos (amigos).

1. En casa
   a. cuando están con los padres
   b. cuando están con sus amigos
   c. cuando no hay ni padres ni amigos con ellos

2. Fuera de casa
   a. cuando están en el coche
   b. cuando están en una tienda
   c. cuando están en la escuela
   d. cuando juegan
   e. ???

6-12 Preguntas personales Escribe las palabras que usarías para describir las relaciones que tienes con tu familia.

1. Con tus hermanos

____

____

2. Con tus abuelos

____

____

3. Con tus padres

____

____

Escuchar

6-13 En el restaurante Escucha la segunda conversación fijándote en lo que hizo el hermano menor cuando estaba en el restaurante con su familia. Escribe en español un breve resumen de lo que pasó.

____

____

____

____

____

6-14 Yo creo... ¿Qué opinas tú?

1. ¿Deberían haber castigado al niño?
2. ¿Por qué crees que deberían o no haberlo hecho?
3. ¿Qué te parece la idea de llevar niños a un restaurante "muy formal y muy fino"?
4. ¿Cuál es tu restaurante favorito?

6-15 Explicaciones Escucha la segunda conversación otra vez para explicar lo siguiente.

1. ¿Por qué le contó el cuento la joven a su amiga?

   ____

2. ¿Por qué decidió el papá llevar a los niños a un restaurante muy formal y muy fino?

   ____

3. ¿Por que trató el mesero de quitarle el plato al niño?

   ____

4. ¿Por qué apuñaló el niño al mesero con el tenedor?

   ____

5. ¿Por qué dejó caer el plato el mesero?

   ____

6. ¿Por qué se iba a morir la mamá?

   ____

6-16 ¿Cuándo ocurrió? La joven le cuenta la historia a su amiga, empleando el pretérito, el imperfecto y el presente de los verbos. Escucha otra vez lo que le pasó a la familia en el restaurante y escribe tres listas. En una lista, escribe los verbos que describen la situación (imperfecto) en el pasado; en la segunda, los verbos que describen una acción que empezó o terminó (pretérito) en el pasado y en la tercera, los verbos que usa en el presente al principio de la narración.

1. Imperfecto

____

____

2. Pretérito

____

____

3. Presente

____

____

Escuchar

6-13 En el restaurante Escucha la segunda conversación fijándote en lo que hizo el hermano menor cuando estaba en el restaurante con su familia. Escribe en español un breve resumen de lo que pasó.

____

____

____

____

____

6-14 Yo creo... ¿Qué opinas tú?

1. ¿Deberían haber castigado al niño?
2. ¿Por qué crees que deberían o no haberlo hecho?
3. ¿Qué te parece la idea de llevar niños a un restaurante "muy formal y muy fino"?
4. ¿Cuál es tu restaurante favorito?

6-15 Explicaciones Escucha la segunda conversación otra vez para explicar lo siguiente.

1. ¿Por qué le contó el cuento la joven a su amiga?

   ____

2. ¿Por qué decidió el papá llevar a los niños a un restaurante muy formal y muy fino?

   ____

3. ¿Por que trató el mesero de quitarle el plato al niño?

   ____

4. ¿Por qué apuñaló el niño al mesero con el tenedor?

   ____

5. ¿Por qué dejó caer el plato el mesero?

   ____

6. ¿Por qué se iba a morir la mamá?

   ____

6-16 ¿Cuándo ocurrió? La joven le cuenta la historia a su amiga, empleando el pretérito, el imperfecto y el presente de los verbos. Escucha otra vez lo que le pasó a la familia en el restaurante y escribe tres listas. En una lista, escribe los verbos que describen la situación (imperfecto) en el pasado; en la segunda, los verbos que describen una acción que empezó o terminó (pretérito) en el pasado y en la tercera, los verbos que usa en el presente al principio de la narración.

1. Imperfecto

____

____

2. Pretérito

____

____

3. Presente

____

____

Después de escuchar

Expresiones útiles para mantener el interés

Les voy a contar algo estupendo.	*I'm going to tell you something stupendous.*
Apuesto a que no saben lo que pasó anoche.	*I'll bet you don't know what happened last night.*
No me van a creer, pero yo mismo(a) lo vi.	*You're not going to believe me, but I saw it myself.*
Escuchen lo que nos sucedió una vez cuando estábamos en...	*Listen to what happened to us once when we were in . . .*
Pero eso no fue nada.	*But that was nothing.*
Ahora viene lo peor (mejor).	*Now comes the worst (best) part.*
Y como si eso fuera poco...	*And as if that weren't enough . . .*
Por fin...	*Finally . . .*
De repente...	*Suddenly . . .*
¡Pum! ¡Pum!	*Bang! Bang!*
¡Cataplum!	*Crash!*
¡Ay, ayyy!	*Oooouuch!*
¡Ufa!	*Eeek!*
¡Epa!	*(Expression of pain, surprise, or amazement)*
¡Ay!	*(Expression of pain, surprise, or amazement)*

6-17 Ese chico(a) Relata una historia que trate de un(a) chico(a), que sea hermano(a), pariente, vecino(a) u otro(a) conocido(a).

1. Piensa en alguna situación en la que él (ella) haya tenido un papel importante. Puede ser una situación chistosa, triste, feliz, espantosa, etc. etc.
   a. ¿Cuándo ocurrió? ¿Dónde? **b.** ¿Quiénes estaban presentes? ¿Qué pasó?

2. Divídanse en grupos, según el tipo de situación: chistosa, triste, feliz, espantosa o cualquier otro tipo. Luego, relaten las historias y escojan una para contársela a los compañeros de los otros grupos.

3. Cuéntenle la historia a los demás.

Track 6-3

CONVERSACIÓN 3: Mi hijo(a) quiere tener un animal doméstico

Antes de escuchar

6-18 Los animales Tarde o temprano la mayoría de los niños quieren tener una mascota o sea un animal doméstico. Si los padres quieren uno o no, no importa. Generalmente, no pueden decirle que no al (a la) niño(a) y al fin y al cabo consiguen el animalito. Habla con tus compañeros, buscando respuestas a las siguientes preguntas.

1. ¿Qué mascotas tienen los estadounidenses/norteamericanos? ¿La gente de otros países?
2. ¿Dónde viven las mascotas?
3. ¿Quiénes las cuidan?
4. ¿Qué papel tienen las mascotas en la familia y en la vida de los niños?
5. ???

6-19 En mi casa... En la tercera conversación un chico quiere traer un animal a casa. Haz una lista de todas las mascotas que tenías tú cuando eras niño(a).

____

____

____

Escuchar

6-20 La historia de una "mascota" Escucha la tercera conversación y trata de comprender lo más importante. Mientras escuchas, piensa en lo que les pasa al chico y al animal.

1. ¿Quién quiere una mascota?

   ____

2. ¿Qué animal llevó a casa?

   ____

3. ¿Le gustó a la madre?

   ____

4. ¿Qué le pasó al animal?

   ____

6-21 Preguntas personales Contesta las siguientes preguntas.

1. ¿Te parece posible este cuento? ¿Por qué sí o por qué no?

____

2. ¿Qué te parece tener una rana?

____

3. ¿Qué le parece a la madre del niño?

____

4. ¿Qué opinas de tener un animal como el del niño en casa?

____

6-22 Una rana en casa Escucha la conversación otra vez para saber más acerca de la rana.

1. ¿Dónde la metió el niño?

____

2. ¿Quién la cuidaba?

____

3. ¿Qué le daba de comer?

____

6-23 Y después, ¿qué pasó? Escucha la conversación una vez más, prestando atención a la manera en que el amigo demuestra su interés en el cuento y su comprensión de lo que está diciéndole la madre. ¿Qué dice el amigo después de oír lo siguiente?

1. A mí no me gusta tener mascotas en la casa.

____

2. Se le ocurrió que él quería tener una mascota.

____

3. Y, ¿sabes con qué se presentó a la casa?

____

4. A la mañana siguiente, pues, la rana estaba ahí.

____

5. Afuera. Tranquila.

____

6. En el jardín. La metió en un cubo.

____

7. ¡No me preguntes! No sé. Total es que pasaron los días y llegó el día de ayer.

____

8. ...que un perro inmenso, de... que vive como tres casas más abajo...

____

Después de escuchar

Expresiones útiles para demostrar interés y comprensión

Sí, yo también estaba allí.	*Yes, I was there, too.*
Eso me recuerda la historia que me contó.	*That reminds me of the story he (she) told me.*
A propósito, ¿sabes lo que hizo Ramón?	*By the way, do you know what Ramon did?*
Es como el día en que la conocí.	*It's like the day I met her.*
Como decía, lo que hacía me pareció extraño.	*As I was saying, what he (she) was doing seemed strange to me.*
Para volver a la historia, en aquel momento...	*To return to the story, at that moment . . .*
¿Qué me decías?	*What were you telling me?*
Pero no has terminado el cuento.	*But you haven't finished the story.*
¿Por qué?	*Why?*
¿Para qué?	*For what purpose (reason)?*
¿Y luego?	*And then what?*
¿Y qué hiciste tú?	*And what did you do?*
¡Qué lío!	*What a mess!*
¡Qué mono!	*How cute!*
¡Qué barbaridad!	*How absurd!*
¡Qué inteligente!	*How intelligent!*

6-24 Mi mascota preferida Describe las mascotas que tenían en tu casa.

1. ¿Cómo eran?
   a. ¿Cuál era la más perezosa, la más divertida, la más fastidiosa, la más cara, la más inteligente y la más rara?
   b. ¿A cuál recuerdas mejor?
   c. ¿Cómo influían en la vida familiar?

2. Prepárate para relatarle una anécdota sobre una de las mascotas de tu familia a un(a) compañero(a).

3. Habla con un(a) compañero(a) de clase sobre los animales que ha tenido su familia.
   a. Hazle preguntas sobre los animales que tenía su familia.
   b. Escucha la anécdota que relate tu amigo(a), demostrando interés y comprensión y haciéndole preguntas cuando no entiendas lo que dice.

4. Relátales a los otros la anécdota que te parezca más interesante.

6-25 Razones obvias Contesten ustedes esta pregunta: ¿Por qué es tan común tener animales en casa hoy en día? Den cuantas explicaciones que les parezcan razonables.

Situaciones

6-26 Nuestros cuentos ¡Todos tenemos un tesoro de cuentos inolvidables! Tratan de nosotros mismos, de nuestra familia, de nuestros amigos y de nuestras mascotas. Escoge uno de tus cuentos, uno que recuerdes muy bien, y cuéntaselo a tus compañeros de clase. Piensa en todos los detalles más importantes. ¿Dónde y cuándo sucedió? ¿Quién lo protagonizó? Busca, también, algunas fotos de la persona o del animal para llevarlas contigo a clase. En clase, preséntales la persona o el animal a tus compañeros mostrándoles las fotos. Describe bien su aspecto físico y su personalidad para que tus compañeros lo (la) conozcan y para que entiendan mejor la anécdota. Debes dramatizar la situación para que sea más interesante.

¡Nárralo muy bien! Buena suerte.

Tus compañeros deben hacerte preguntas si hay algo que no comprendan.

6-27 ¡Buscamos actores y actrices cómicos! Los directores de los canales más importantes de televisión —ABC, CBS, NBC, PBS y Fox— saben que al público le gusta reír. Todos quieren ver programas de humor, pero desgraciadamente no hay muchos actores cómicos. A tu clase de español vienen descubridores de talento, de los canales importantes, para presenciar una competencia entre estudiantes.

¿Quién sabrá relatarle el chiste más gracioso?

Todos deben prepararse para relatarle un chiste o una anécdota graciosa a la clase. (Si quieren, ustedes pueden traer objetos que les ayuden a los demás a entender mejor la situación.)

6-28 Mi primera cita Uno de los acontecimientos más emocionantes de la vida es la primera cita. Es emocionante hacer planes y pensar en salir con el(la) enamorado(a). Relátale a un(a) compañero(a) de clase todo lo que tiene que ver con tu primera cita.

a. la invitación

b. los planes

c. lo que hicieron ustedes

Tu compañero(a) te hará preguntas si quiere saber más.

El hermano menor habla. ¿Qué crees que dice?

6-29 ¿Sabes lo que me pasó a mí? En los países hispánicos es común reunirse todos en familia para la comida para conversar mientras se come. Lo mismo pasa en muchas familias norteamericanas, pero no en todas. Este es un ejercicio para cuatro personas que formarán una "familia". El (La) profesor(a) le dará a cada persona una tarjeta con algunos datos sobre lo que le pasó durante el día. La persona debe imaginar la situación, añadir más y contar algo durante la comida. Todos tendrán algo que relatar y los otros miembros de "la familia" deben mostrar interés y hacer preguntas para comprender bien lo que pasó.

¿Usted no querrá que mi hermana se come todo esto y pierda la línea, verdad?

6-30 Una escena Un padre (Una madre) habla con su hijo(a). El padre (La madre) le pregunta al (a la) hijo(a) qué hizo la noche anterior. El (La) hijo(a) le dice que fue a la casa de un(a) amigo(a) y le cuenta lo que hicieron.

(Lo que pasó de veras es que él (ella) fue con algunos(as) amigos(as) a un club nocturno para bailar, tomar una copa y divertirse, pero claro está que no quiere decirle nada de eso a su padre (madre).)

(Otra cosa que pasó de veras fue que la madre del (la) amigo(a) llamó a su casa para hablar con su hijo(a), pues creía que estaba allí. Por eso el padre (la madre) no le cree al(la) hijo(a) y trata de averiguar la verdad.)

Fuera de clase

6-31 Viajar por Internet Piensa en una persona famosa y busca en Internet información sobre él (ella). Apunta los datos interesantes y tráelos a clase para relatárselos a tus compañeros.

6-32 Las tiras cómicas Escoge una tira cómica de algún periódico o revista en español que tenga que ver con la familia. Trae a clase varias copias con los diálogos tapados (*covered*). (Trae bastantes para tener una copia para cada grupo.) Divídanse en grupos de tres. Primero, deben hablar de lo que creen que dicen los personajes y escribir algo adecuado para cada escena. Luego, el (la) que trajo la tira debe leer los diálogos mezclándolos para que los miembros de los grupos escojan la escena del diálogo.

6-33 Un ataque Lee la siguiente anécdota, que sí pasó según un testigo confiable, y explica por qué crees que el profesor le quitó algo de su nota o no. ¿Estás de acuerdo o no con tal castigo por faltar a clase mucho?

Érase una vez hace mucho tiempo un profesor bien exigente. Los pobres estudiantes tenían que estudiar mucho para aprobar sus clases. Ese profesor insistía en que sus estudiantes asistieran a las clases porque creía que eso era muy importante para aprender la materia. Por eso, tenía una regla que los estudiantes no podían faltar más de tres clases por semestre. Si faltaban más, él les quitaba algo de su nota final para la clase.

Un semestre había en su clase un estudiante bien inteligente y ambicioso, tenía la capacidad para aprender y sí quería buenas notas porque pensaba seguir la carrera de medicina, pero también era bastante perezoso. Claro que era muy listo y sabía tratar a los profesores para conseguir lo que quería.

Pues, era primavera. Ya había faltado a la clase de ese profesor tres veces. Sabía que no podía faltar más sin recibir una nota más baja de lo que quería, de lo que necesitaba de veras.

Pero era primavera y había muchas actividades interesantes y muchas jóvenes bonitas con las que quería divertirse.

Una noche llegó tarde a su cuarto. Estaba muy cansado. A la mañana siguiente, en vez de levantarse a tiempo para ir a clase, se quedó dormido. La clase era a las nueve, y ¡él no se despertó hasta el mediodía!

¡Sabía que tenía que inventar una explicación pronto!

— Buenas tardes, profesor. ¿Cómo está usted?

— Bien, gracias.

— Yo falté a clase esta mañana.

— Sí, me fijé en eso.

— Lo siento mucho, muchísimo. Yo venía. Yo venía por seguro.

— ¿De veras?

— Sí. Sí, sí. Imagínese. Yo andaba por la acera muy de prisa porque no quería llegar tarde a su excelente e interesante clase cuando me atacó un... un gato.

— ¿Un gato? ¡Qué horror! Debes haberte asustado mucho.

— Ah, sí, sí, profesor. Estaba muy asustado, muy asustado. Estaba tan asustado que tuve que volver a mi cuarto para acostarme un rato y calmarme los nervios. ¡No me quedó más remedio!

6-34 Para escribir Piensa en una anécdota favorita de tu familia, por ejemplo algo que pasó cuando eras niño(a), o en un cumpleaños o en la Navidad. Escribe la primera parte de la anécdota. En clase, intercambia tu anécdota por la de un(a) compañero(a). Luego, cada uno debe terminar la anécdota del (de la) otro(a) y devolvérsela. Lee su parte final y dile lo que pasó de veras.

Vocabulario

Palabras y expresiones que quiero recordar

CAPÍTULO

7

Managing Requests, Complaints and Disagreements

¿Tengo razón, o no?

Introducción

Estar en desacuerdo

7-1 ¡Mire, vengo a quejarme! ¿De qué se queja la señora? Imagínate cómo reaccionaría el empleado de la tienda. Inventa una conversación entre la cliente y el hombre.

____

____

____

____

Expresiones útiles para expresar y responder a las quejas

Los clientes:

Siento tener que decirle...	*I'm sorry to have to tell you . . .*
Mire, tengo un problema con este(a)...	*Look, I have a problem with this . . .*
Mire, vengo a quejarme.	*Look, I'm here to complain.*
Perdón, señor(a), pero la verdad es que...	*Excuse me, sir (madam), but the fact is that . . .*
Creo que han cometido un error. / **Creo que se han equivocado.**	*I think you've made a mistake.*
Este aparato que compré aquí ya no funciona.	*This machine I bought here isn't working already.*
Está mal/al revés/roto(a)/ dañado(a).	*It's wrong/backwards/broken/out of order.*
No sirve.	*It's no good./It doesn't work.*

(Continued)

Expresiones útiles para expresar y responder a las quejas (continued)

Los empleados:

Déjeme verlo(la).	*Let me see it.*
Ay, señora, usted tiene toda la razón.	*Oh, madam, you're really right.*
Le devolveremos su dinero, con mucho gusto.	*We will return your money, with pleasure.*
Sentimos mucho su inconveniencia.	*We're very sorry for your inconvenience.*
Sentimos mucho este error de parte de la compañía.	*We're very sorry about this error on the part of the company.*
Se lo (la) puedo cambiar por otro(a).	*I can exchange it for another for you.*
Pero señor(a), (este producto) no está dañado.	*But señor(a), (this product) isn't damaged.*
Funciona muy bien.	*It works very well.*
Hace dos semanas que lo (la) compró.	*You bought it two weeks ago.*
Seguramente lo (la) usó para algo que no debía.	*Surely you used it for something that you shouldn't have.*
No puedo devolverle el dinero.	*I can't refund your money to you.*

7-2 Las quejas ¿Has tenido que quejarte alguna vez de algo que compraste o de alguna reparación mal hecha? ¿Qué pasó? ¿Cuál fue el resultado de tu queja? ¿Tuviste éxito? Explícale la situación a un grupo de compañeros.

7-3 ¿Qué dirías tú? Lee el siguiente chiste e inventa tu propia reacción a lo que responde el vecino ante la queja de una persona del condominio.

Vida en condominio

Una persona de los condominios al vecino, que toca el saxofón a las tres de la mañana:

— ¡Óigame! ¡No puedo dormir!

— Pues haga lo mismo que yo, vecino: aproveche las horas de insomnio para aprender a tocar algún instrumento.

Tu reacción: ______________________________

____

Compara tu reacción con las de los otros miembros de tu grupo. ¿Cuál es la mejor? Seleccionen una o dos de las reacciones y compártanlas con toda la clase.

7-4 Una manifestación ¿Contra qué manifiestan las personas del dibujo siguiente? ¿Qué le dice el hombre a la reportera? Con un(a) compañero(a), inventen lo que les parezca que el hombre podría estar diciendo. Luego, escriban el artículo como si fueran la reportera.

____

____

Escuchar y practicar

Track 7-1

CONVERSACIÓN 1: Tengo que devolver estos zapatos.

Antes de escuchar

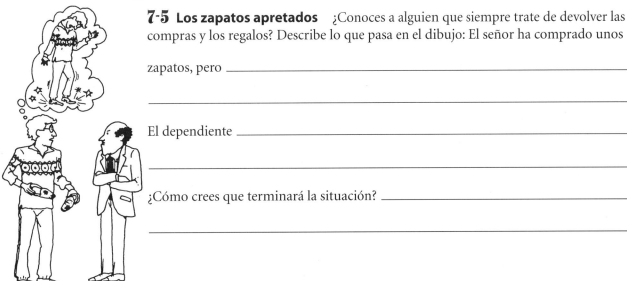

7-5 Los zapatos apretados ¿Conoces a alguien que siempre trate de devolver las compras y los regalos? Describe lo que pasa en el dibujo: El señor ha comprado unos

zapatos, pero ______________________________

____

El dependiente ______________________________

____

¿Cómo crees que terminará la situación? ______________________________

____

Vocabulario útil

devolver	*to return (something)*
demasiado apretados	*too tight*
doler	*to hurt* (**Me duelen los pies.**)
medias	*socks*

Escuchar

7-6 ¡Usted tiene que hacer algo! En la primera conversación un joven desea devolver los zapatos que compró, pero el dependiente dice que cuando los compró el cliente, le quedaban perfectamente bien. Escucha la conversación y llena los espacios en blanco con las palabras y frases que faltan.

— Sí, señor. Buenas tardes. ¿En qué le ________ ________ ?

— Buenas tardes, señor. Vea, ________ ________ ________ . Yo tengo que devolver ________ ________ porque definitivamente me quedan muy ________ .

—Sí, señor, pero cuando usted los llevó, eh, ________ ________ ________ ...

— Sí, pero usted insistió en que con un uso adecuado... ________ a ceder y me ________ a quedar más ________ , y eso no ha ocurrido.

— Pero, si mal no recuerdo, cuando usted ________ ________ , venía con unas ________ ________ . Ahora está usando tal vez unas medias...

— Yo no creo que eso influya mucho. Además, estos zapatos son como de un ________ ________ ________ . Yo lo que

_______________ es que me los _______________ o que me

_______________ el dinero.

— Sí, señor. Parece que usted _______________ de gusto desde que

_______________ los zapatos, y los usó...

— Yo no he cambiado de gusto...

— Y entonces ya no se lo podemos devolver. No, no se los podemos

_______________ .

— Yo no he cambiado de gusto. _______________ que _______________

es que estos zapatos no son _______________ . Me quedan muy

_______________ . Me están _______________ los pies. Usted tiene...

tiene _______________ hacer _______________ .

— Bueno, pero es que ya ha pasado _______________ _______________

desde que usted se los llevó y _______________ realmente este problema yo

no lo _______________ resolver. Tengo que _______________ al

_______________ . Permítame un _______________ .

7-7 ¿Qué dijeron? Contesta las siguientes preguntas, según el contenido de la conversación.

1. ¿Por qué quiere el cliente devolver los zapatos? (Menciona dos razones.)

____

____

2. ¿Qué dijo el dependiente cuando el cliente estaba comprando los zapatos?

____

____

3. ¿Qué quiere el cliente que haga el dependiente?

____

____

4. ¿Por qué dice el dependiente que no puede devolverle el dinero?

____

____

5. ¿Cuál es el resultado de la discusión?

____

____

7-8 ¡En español, por favor! Escucha otra vez la conversación y apunta las expresiones que usaron para decir lo siguiente en español.

1. How may I help you? ___________________________
2. If I remember right . . . ___________________________
3. Your taste seems to have changed. ___________________________

   ____
4. The fact of the matter is that these shoes are no good.

   ____

   ____
5. You have to do something. ___________________________
6. Excuse me just a minute. ___________________________

Después de escuchar

7-9 La mejor forma de quejarse A veces expresamos nuestra ira sólo para sentirnos mejor, pero esa manera de quejarnos casi nunca nos consigue lo que queremos. ¿Cómo se puede comunicar una queja, de tal manera que el resultado sea positivo? Lee el siguiente artículo para saber las respuestas de unos expertos. Toma apuntes con tus propias palabras para contestar oralmente las preguntas que siguen.

Palabras clave

cumplidos	*compliments*	**cerciorarse**	*make sure*
adquirida	*acquired*	**el turno de la noche**	*the night shift*
rechazar	*reject*		

SV Relaciones

La mejor forma de presentar una queja

USTED PUEDE hacer que un vendedor se ponga de su lado si sigue los consejos de los expertos:

Exprese sus quejas como si fueran cumplidos. Supongamos que usted llama a una tienda para quejarse de que un suéter se deshizo después de lavarlo. "Usted podría decir: 'Es sorprendente cuando esto pasa con mercancía de calidad adquirida en una tienda de prestigio'", apunta Suzette Elgin, autora del libro *How to Disagree Without Being Disagreeable* ("Cómo estar en desacuerdo sin ser desagradable"). Explique lo que quiere y diga que, por supuesto, no espera nada menos que una satisfacción por parte de un establecimiento tan acreditado. "La única manera en la cual pueden rechazar su solicitud es negando sus cumplidos", asegura Elgin.

No pierda la calma. Cerciórese de que la persona con la que está tratando sepa que usted no está enojado con ella. Cuando Anne Perryman de Nueva York llamó a su compañía de teléfonos para quejarse, contestó una mujer llamada Karen. "Le dije: '¡Hola Karen!. Estoy haciendo un gran esfuerzo por controlar mi ira porque me he dado cuenta de que mi problema no es culpa suya'", cuenta Perryman. "Ella rió y se mostró muy servicial".

Comprenda a las personas. Rick Kirschner, autor del libro *Dealing With People You Can't Stand* ("Lidiando con personas insoportables"), sugiere que si alguien no tiene una actitud amable, se le pregunte: "¿Dije algo malo o ha tenido usted un día difícil?" Cuando Kirschner le hizo esta pregunta a un empleado de una tienda de autoservicio, el hombre contestó:

—Siempre debo limpiar todo lo que deja sucio el turno de la noche.

Y acto seguido, le ofreció a Kirschner lo que quería.

—MICHELLE MEYER, *Family Circle*

187

1. ¿Cómo se puede reclamar si una compra ha resultado de mala calidad?

____

____

2. Los dependientes no tienen la culpa. ¿Cómo debemos tratarlos a ellos?

____

____

3. Si un empleado de una compañía está de mal humor, ¿qué se puede hacer?

____

____

7-10 Escenas Con un(a) compañero(a), escojan una de las siguientes escenas y prepárense para presentarla ante la clase. Van a presentar dos maneras de actuar en la escena: una que no tendrá resultados positivos, y otra que sigue las recomendaciones del artículo. Recuerden que no se puede leer un guión escrito.

1. Un(a) cliente entra en una tienda para comprar un suéter y el (la) dependiente parece tener prisa y pocas ganas de servirle.
2. Un(a) cliente quiere devolver un aparato (por ejemplo, un tostador, una computadora, etc.) que compró hace una semana. El aparato no funciona bien.
3. Un(a) vendedor(a) llama a la casa de una persona para venderle algo o pedirle dinero. ¡Es la quinta llamada de este tipo que ha recibido la persona esa mañana!

Track 7-2

CONVERSACIÓN 2: ¡Baja esa música, por favor!

Antes de escuchar

7-11 ¿Qué piensas? Con unos compañeros, conversen sobre la música que les gusta y la que no les gusta, y sobre lo que les gusta hacer cuando están cansados.

1. ¿Qué les gusta hacer después de presentar un examen?
2. ¿Qué música les gusta y qué música no les gusta?
3. ¿Les encanta poner el estéreo a todo volumen?
4. ¿Estudian mejor con música o sin música?
5. ¿Por qué pueden algunos estudiantes estudiar con música y otros no?
6. ¿Les parece desconsiderada la persona que pone la música a todo volumen? ¿O es que los otros deben ser tolerantes?
7. ¿Qué hacen para descansar o relajarse después de estudiar o trabajar?

Escuchar

7-12 Dos amigos discuten En la segunda conversación, dos compañeros de cuarto están discutiendo porque uno quiere escuchar unas canciones y el otro tiene que estudiar para un examen. Escucha la conversación varias veces y pon en orden las siguientes oraciones. Te damos la número 1.

_____ Tú bien sabes que yo no puedo estudiar con música.

_____ No, no soy desconsiderado.

_____ Antes de que lo hagas, te aviso que mañana tengo un examen que es sumamente importante.

_____ ¿Es que yo no tengo derecho un día a estudiar con tranquilidad?

_____ Tú también puedes estudiar en algún lado.

_____ Yo también tengo derecho a escuchar mis canciones.

__1__ Voy a escuchar un buen par de canciones ahora.

_____ No es éste el primer problema que tengo contigo.

_____ Por favor, ¡qué poco considerado eres!

_____ Olvida tu música por el día de hoy.

_____ Siempre cedes. Pero de todas maneras, voy a oír mis canciones.

7-13 ¿Qué se usa para...? Escucha la conversación otra vez y clasifica las siguientes expresiones, según la función que desempeñan en la conversación.

a. expresiones para pedir algo

b. expresiones para culpar y criticar

c. expresiones para contestar y defenderse

_____ **1.** Mira, por favor, antes de que lo hagas, te aviso que...

_____ **2.** Pero, ¿qué tiene de malo? Solamente voy a poner unas canciones...

_____ **3.** Mira, tú bien sabes que yo no puedo...

_____ **4.** A mí me ayuda mucho oír música.

_____ **5.** ¡Qué poco considerado eres!

_____ **6.** Bueno, mira, eso lo entiendo, pero te pido...

_____ **7.** No es éste el primer problema que tengo contigo.

7-14 ¿Quién ganó? ¿Con cuál de los compañeros de cuarto estás de acuerdo? ¿Por qué? Prepara una pequeña explicación de tu punto de vista, para compartirla en clase con los otros estudiantes.

Mi punto de vista:

Después de escuchar

Expresiones útiles para defenderse

¡Yo no!	*Not me!*
No es verdad.	*That's not true.*
Es verdad, pero...	*It's true, but . . .*
¿No me comprendes?	*Don't you understand me?*
Yo no tengo la culpa.	*It's not my fault.*
No sabes lo que dices.	*You don't know what you're saying.*
¿Es que yo no tengo derecho a...?	*Don't I have a right to . . . ?*
¿Qué quieres decir?	*What do you mean?*

7-15 Más problemas ¿A causa de qué otros problemas discuten los compañeros de cuarto? Con otro(a) estudiante, inventen una defensa para cada una de las siguientes acusaciones.

1. ¡Otra vez has dejado la cocina hecha una porquería! Siempre tengo que limpiarla; tú no haces nada.

2. ¿Quieres invitar a tus amigos otra vez? Son unos malcriados que se comen todo lo que hay en la casa y no pagan nunca nada.

3. Por favor, ayúdame con la tarea de física. Yo te ayudo con las de inglés, pero tú eres tan egoísta que no correspondes.

____

____

4. Dime la verdad: te llevaste mi suéter, ¿no?

____

____

5. El estéreo está dañado. Tú tienes la culpa, yo no.

____

____

Expresiones útiles para acusar a alguien

Tú tienes la culpa.	*It's your fault.*
Tú no me comprendes.	*You don't understand me./You aren't understanding me.*
Lo que me molesta es...	*What bothers me is . . .*
¡Tú no me escuchas!	*You don't listen to me!/You aren't listening to me!*
¡Qué poco considerado(a) eres!	*How inconsiderate you are!*
¿Me estás acusando de mentiroso(a)?	*Are you accusing me of being a liar?*
Estás portándote de una forma muy impertinente.	*You are behaving in a very impertinent manner.*

7-16 Acusaciones Con un(a) compañero(a), inventa una acusación que corresponda a la defensa dada.

1. ____
Pero yo no tengo la culpa.

2. ____
Es verdad, pero tú no entiendes exactamente lo que ocurrió.

3. ____
¿Yo? ¡Nunca!

4. ____
¡No sabes lo que dices!

5. ____
No te enfades. No pasó nada.

6. ____

Pero, ¿por qué dices eso?

7. ____

Estoy harto(a) de tus quejas.

8. ____

¡Por Dios! ¿No tengo yo derechos también?

Track 7-3

CONVERSACIÓN 3: La televisión: ¿Es buena o mala?

Antes de escuchar

7-17 A favor y en contra de la televisión Se critica mucho la televisión. Algunos dicen que es un bien; otros que es un mal. Lo cierto es que hay mucha gente en todo el mundo que tiene televisor y que pasa horas y horas todas las semanas en frente de él. Hablen de los siguientes temas.

1. los programas
2. las personas que miran los diversos programas
3. cuántas horas al día los miran
4. el efecto de mirar la televisión
5. lo bueno y lo malo de la televisión
6. recomendaciones para cambiar y mejorar los programas
7. reglas para los niños
8. ???

7-18 ¿Qué crees tú? Haz una lista de los aspectos de la televisión que te gustan y los aspectos que no te gustan.

____

____

____

____

Tú...tienes...mucho...sueño. zzzz

Escuchar

7-19 Las actitudes Escucha la tercera conversación para saber lo que opinan esos jóvenes sobre los programas de televisión. Presta atención a las actividades de los dos jóvenes. Es probable que no comprendas todas las palabras la primera vez que escuches. Por eso, es mejor que te fijes solamente en un aspecto de la conversación cada vez.

1. ¿Qué clase de programas les gusta a los dos?

    ____

2. ¿Para qué le sirve la televisión a la persona a quien le gusta tanto?

    ____

3. ¿Qué aspecto de la televisión no le gusta al otro?

    ____

4. ¿En qué están de acuerdo?

    ____

7-20 Las opiniones Usamos palabras o expresiones favorables o desfavorables para expresar nuestros gustos y lo que no nos gusta. Fijándote en éstas, escucha la conversación otra vez y apunta algunas de ellas a continuación.

Favorables	Desfavorables
tan cómica	estupidez
excelente	un cosa tontísima
1. ____________	1. ____________
2. ____________	2. ____________
3. ____________	3. ____________
4. ____________	4. ____________
5. ____________	5. ____________
6. ____________	6. ____________

7-21 Preguntas personales Escucha la conversación otra vez y participa en la conversación, contestando las siguientes preguntas.

1. ¿Qué programas o clase de programas te gustan más?

2. ¿Con qué persona te identificas más?

3. ¿Qué programa(s) te parece(n) hecho(s) para tontos?

4. ¿En qué están de acuerdo?

Después de escuchar

Expresiones útiles para expresar preferencias

(No) Me gusta(n) (mucho)...	*I (don't) like . . . (a lot).*
Me interesa...	*I'm interested in . . .*
Me encanta...	*I love . . .*
Me parece una estupidez.	*It seems stupid to me.*
Prefiero no pensar.	*I prefer not to think.*
Me parece absurdo/tonto...	*It seems absurd/foolish to me . . .*
Odio...	*I hate . . .*
¡Qué partido más/tan emocionante!	*What an exciting game!*
¡Qué programa más aburrido!	*What a boring program!*

7-22 Consejero(a) oficial El presidente de los Estados Unidos te ha nombrado miembro de una comisión para mejorar los programas de televisión.

1. Estudia la lista semanal de programas y haz lo siguiente.
   a. Haz una lista de cinco programas que quieras conservar.
   b. Indica cinco que quieras eliminar.
   c. Recomienda programas para reemplazar los que has eliminado.

2. Formen grupos de tres para hablar de los programas de televisión y para preparar sus recomendaciones.
   a. Un miembro debe presentar su lista de los programas que quiere conservar. Los otros dos deben compararla con la suya y tratar sobre ella para llegar a tener una lista que sea satisfactoria para los tres.
   b. Otro miembro debe hacer lo mismo con respecto a los programas que quieren eliminar. Todos deben hablar sobre sus gustos y opiniones hasta que lleguen a un acuerdo sobre una lista que represente los gustos y opiniones del grupo.

c. El otro miembro debe presentar sus recomendaciones. Luego, todos deben hablar de sus ideas y preparar una lista de recomendaciones del grupo.

3. Preséntenle sus listas a la clase. Comenten las semejanzas y diferencias entre las listas de los diversos grupos. Hagan un resumen de los gustos, opiniones y recomendaciones de la clase.

VIERNES NOCHE ENERO 24, 2003

	6:00	6:30	7:00	7:30	8:00	8:30	9:00	9:30	10:00	10:30	11:00	11:30
CANALES DE PHOENIX												
3	News	Ent. Tonight	Jeopardy!	Fortune	Raymond	Just Shoot	Frasier (CC)	Raymond	News	News	HS Skylights	Edition
5 CBS	News	Hollywood Squares (N) ∩ (CC)	Presidio Med "Good Question" (N) ∩ (CC)		Hack "Domestic Disturbance" ∩ (CC)		Queens Supreme "Supreme Heat" (N) ∩ (CC)		News	Phoenix Open Coverage	(10:50) Late Show (N) ∩ (CC)	
8	Newshour With Jim Lehrer		Horizon (CC)	Wash. Week	Wall-Fortune	McLaughlin	Now With Bill Moyers (N)		Antiques Roadshow (CC)		Austin City Limits (N) ∩	
10	Drew Carey	Will & Grace	Fastlane "101" (N) ∩ (CC)		John Doe "Mind Games"		News ∩ (CC)		(9:59) News	Seinfeld (CC)	Will & Grace	Seinfeld (CC)
12 NBC	News (CC)	Extra (N) ∩ (CC)	Mister Sterling "Game Time" (N) ∩ (CC)		Dateline ∩ (CC)		Law & Order: Special Victims Unit "Rotten" (N) ∩ (CC)		News (CC)	(10:35) Tonight Show (N) ∩ (CC)		(11:37) Cheers ∩ (CC)
15 ABC	News (CC)	Weakest Link ∩ (CC)	America's Funniest Home Videos (N) ∩ (CC)		Whose Line Is It Anyway? (N)	Drew Carey "Blecch Sunday" (N)	20/20 (CC)		News (CC)	(10:35) Nightline (CC)	(11:06) Up Close (CC)	(11:37) Access Hollywood
21	Behind	Christian	Church	Price	Praise the Lord (Live) (CC)				Larry Huch	Kim Clement	Barnett	This Is Day
33	Gata Salvaje		Las Vías del Amor		Entre el Amor y el Odio		Casos de la Vida Real		Noticias	Nòticiero	Derbez en Cuando	
35 TLF	Cien Mexicanos Dijeron	Sensacionalísimo			Solo Boxeo				Contacto Deportivo	Película se Anunciará		
39	Catch Fire	Joni Lamb	Celebration-Marcus Lamb		Listen America		This Is Day	Kenneth C.	Life Today	Life in Word	Celebration-Marcus Lamb	
45	NBA Basketball: Suns at Magic			'70s Show	Enterprise "Marauders" ∩		3rd Rock	3rd Rock	'70s Show	King of Hill	5th Wheel	Extr Datng
48	El Beso del Vampiro				La Venganza		Terra Esperanza		Noticias	Laura en América		Al Rojo Vivo
51	Shop-Drop	News (CC)	Pelicula: "Lightning: Fire From the Sky" (2001) ∩				Diagnosis Murder ∩ (CC)		It's a Miracle	News (CC)	Paid Prog.	Paid Prog.
61	Friends (CC)	Friends (CC)	What I Like	Sabrina	Reba (N) ∩	Greetings	Dharma	Just Shoot	Simpsons	Simpsons	Fresh Prince	Justice
CANALES POR CABLE												
A&E	Expedition Egypt (CC)		Hauntings "New England"		Best of Both Worlds (N)		Third Watch "Act Brave"		Expedition Egypt (CC)		Hauntings "New England"	
AMC	Pelicula: ★★★★ "The French Connection" (1971)				(7:55) Pelicula: ★★★½ "Bullitt" (1968; Drama) Steve McQueen.					Crypt Tales	(10:50) Pelicula	
ANPL	Pet Star		Animal Precinct (CC)		That's My Baby		Pet Star		Animal Precinct (CC)		That's My Baby	
BET	Pelicula: ★ "Hell Up in Harlem" (1973)				Comicview		Nightly News	BET Tonight	Midnight Love		Comicview	
BRAV	Pelicula: ★★★½ "Excalibur" (1981, Fantasy) Nicol Williamson, Nigel Terry.						Pelicula: ★★½ "The Legend of 1900" (1998, Drama) Tim Roth.					ActStudio
CMT	Pelicula: ★★ "Beverly Hills Cowgirl Blues" (1985)				Dixie Chicks Uncut		Stacked	Faith Hill	Wanted	CMT 3rd Shift		
COM	Presents	Daily Show	Saturday Night Live (CC)		Late Night ∩ (CC)		Presents	Presents	Presents	Presents	Premium	Remix
DISN	Boy World	Sister, Sister	Proud Family	Kim Possible	That's-Raven	Lizzie	Pelicula: "The Paper Brigade" (1996)			Teamo	Sister, Sister	Lizzie
E	Mamma Cass: THS		Karen Carpenter: The E! True Hollywood Story ∩ (CC)				Howard S.	Howard S.	Wild On...		Saturday Night Live (CC)	
ESPN	NFL	NFL Films		Tennis Australian Open -- Women's Final.			Sportscenter		Interruption	NFL Man	Sportscenter	
ESPN2	NBA Basketball Washington Wizards at Chicago Bulls. (Live)					NBA Basketball New Jersey Nets at Los Angeles Lakers. (Live)					NFL 2Night	
FAM	Braceface	Two-Kind	Videos	Videos	7th Heaven ∩ (CC)		Pelicula: ★★ "Down Periscope" (1996)				Life-Sitcom	Last Resort
FSA	See This	Sports	NHL Hockey Phoenix Coyotes at Edmonton Oilers. (Live)					Sports	Sports	See This	Best Damn Sports Show	
FX	Married...	Making	Buffy the Vampire Slayer		Buffy the Vampire Slayer		Pelicula: ★★ "The Specialist" (1994)				World's Most Shocking	
GALA	El Chavo	Dr Pérez	Bienvenidos		Nueva Vision		Juntos	Noticiero		(10:45) El Mañanero		
GEMS	The Roof				Chat		Fuzion	Crash Palace	Mun2 Top	Mochileando	Amigos	Adrenalina
HIST	This Week in History (N)		Little Big Horn: The Untold Story (CC)				Devil's Island		This Week in History (CC)		Little Big Horn: Untold	
HGTV	Flea Market	Collector	Designers'	Designers'	Designers'	Designers'	Flea Market	Collector	Designers'	Designers'	Designers'	Designers'
LIFE	Mad	Designing	Golden Girls	Golden Girls	Unsolved Mysteries ∩		Final Justice (N) (CC)		Pelicula: "A Mother's Justice" (1991) (CC) (DVS)			
MSNB	Donahue (Live)		Hardball (Live) (CC)		MSNBC Reports		Donahue		Hardball (CC)		MSNBC Reports	
MTV	Made ∩		Clone High	Video	Direct Effect ∩		Prime Time Players ∩			MTV Special	MTV Special ∩	
NICK	U-Pick ∩	Sponge	U-Pick ∩	Rocket	Hey Arnold!	Rugrats (CC)	Sponge	Jimmy	Oddparents	Oddparents	Cosby Show	Cosby Show
QVC	California Gold Rush				California Gold Rush				Denim & Co.		Maxx-Handbag	
SCIF	Knight Rider "Inside Out"		Roswell "The Balance" ∩		Dead Zone "Descent" (CC)		Farscape "Twice Shy" (N)		Stargate SG-1 ∩ (CC)		Tracker "Roswell" ∩ (CC)	
TBS	Pelicula: ★★½ "Random Hearts" (1999, Drama) Harrison Ford.					Pelicula: "Portrait of Murder" (2002) (DVS)				Pelicula: "Dead in a Heartbeat" (2002)		
TDC	Vanishing Pools		Arctic Survival-Hide		Animal Attacks (CC)		Talking With Animals (N)		I Survived!-Terror		Real Miami Cops (N)	
TLC	While You Were Out (CC)		Home Savvy	Home Savvy	FBI: Critical Incident		Police Force "Day Watch"		Scene of the Crime (CC)		Scene of the Crime (N)	
TNN	Real TV (CC)	Real TV (CC)	Real TV (CC)	Blind Date	Taboo ∩	Blind Date	Star Trek: Next Gener.		Star Trek: Next Gener.		Star Trek: Next Gener.	
TNT	Pelicula: ★★ "Assassins" (1995, Drama) Sylvester Stallone.					Pelicula: ★★ "Assassins" (1995, Drama) Sylvester Stallone.					Pelicula: "US Marshl"	
TOON	Dragon Ball	Dragon-Z	Batman	Transform	Codename	Ed, Edd	Time Squad	Grim-Evil	Courage	Robot Jones	Codename	Powerpuff
USA	(4:00) Pelicula		Arrest	JAG "Crossing the Line"		Pelicula: ★★ "The Jackal" (1997, Suspense) Bruce Willis. (CC)					Monk (CC)	
VH1	Hard Rock		Hard Rock		Where Are They Now? ∩		Where Are They Now? ∩		Ultimate Albums "Eminem"		Booty Call ∩	
WGN	Pelicula: ★★★ "The Great Santini" (1979) ∩				News ∩ (CC)		Justice	Rockford Files		In the Heat of the Night ∩		Suddenly
CANALES PREMIUM												
HBO	(5:15) Pelicula		Real Sports (CC)		Inside the NFL ∩ (CC)		Pelicula: ★★★ "Training Day" (2001) ∩ (CC)				Oz "Sonata da Oz" (CC)	
MAX	(4:35) Pelicula: "Forrest"		Pelicula: ★★★ "The Crow" (1994)			(8:45) Pelicula: ★★½ "The Last Castle" (2001) Robert Redford.					Pelicula: "Mothman"	
SHOW	(5:00) Pelicula: "Table-5"		(7:15) Pelicula: ★★ "Mad About Mambo" (2000)				Pelicula: "The Santa Clause" (1994)			QuickFlick	Odyssey 5 (N) (CC)	
STAR	Pelicula	(6:35) Pelicula: ★★★ "Gosford Park" (2001) Eileen Atkins. (CC)					Pelicula: ★★★ "Life as a House" (2001) ∩ (CC)				(11:15) Pelicula	
TMC	(6:15) Pelicula: ★★ "Pursuit of Happiness" (2001)				Pelicula: ★★½ "Antitrust" (2001) Ryan Phillippe.				Pelicula: ★★½ "The Gift" (2000) Cate Blanchett.			

52 | TV y Más | Mesa/Tempe/Chandler | Del 19 al 25 de enero de 2003 | te da más... mucho más

Situaciones

7-23 ¿Qué ropa necesitas mandar a la lavandería/tintorería?

1. Haz una lista de la ropa sucia que se necesita lavar en seco.

____

____

____

   a. Según la lista, ¿cuánto te costaría en el Hotel Córdoba en España? _______

   b. ¿Cuánto costará si quieres que te laven los artículos en menos de veinticuatro horas? _______

   c. Si pierden o arruinan algún artículo, ¿cuánto puedes cobrar? _______

   d. ¿Y si el artículo es de cuero? _______

2. Ahora, con un(a) compañero(a), hagan los siguientes papeles.
   a. El (La) cliente, que lleva su ropa (de la lista que escribió anteriormente) a la tintorería y luego regresa para recogerla, necesita todo en menos de un día. Al recoger su ropa, cree que le han arruinado una prenda.
   b. El (La) dependiente(a), que le entrega la ropa y le cobra el valor del lavado en seco.

Cada uno debe calcular independientemente el valor del lavado en seco, menos el descuento por los daños. Si no están de acuerdo, tendrán que aclararlo.

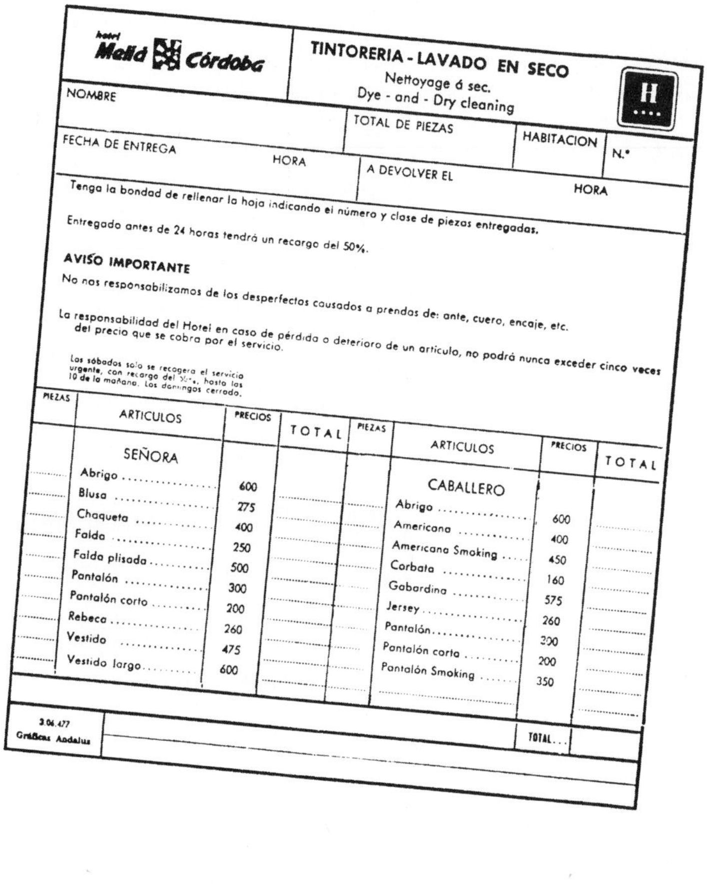

hotel Meliá Córdoba

TINTORERIA - LAVADO EN SECO
Nettoyage á sec.
Dye - and - Dry cleaning

H

NOMBRE | TOTAL DE PIEZAS | HABITACION | N.°

FECHA DE ENTREGA | HORA | A DEVOLVER EL | HORA

Tenga la bondad de rellenar la hoja indicando el número y clase de piezas entregadas.

Entregado antes de 24 horas tendrá un recargo del 50%.

AVISO IMPORTANTE

No nos responsabilizamos de los desperfectos causados a prendas de: ante, cuero, encaje, etc.

La responsabilidad del Hotel en caso de pérdida o deterioro de un artículo, no podrá nunca exceder cinco veces del precio que se cobra por el servicio.

Los sábados solo se recogera el servicio urgente, con recargo del [illegible], hasta las 10 de la mañana. Los domingos cerrado.

PIEZAS	ARTICULOS	PRECIOS	TOTAL	PIEZAS	ARTICULOS	PRECIOS	TOTAL
	SEÑORA				CABALLERO		
	Abrigo	600			Abrigo	600	
	Blusa	275			Americana	400	
	Chaqueta	400			Americana Smoking	450	
	Falda	250			Corbata	160	
	Falda plisada	500			Gabardina	575	
	Pantalón	300			Jersey	260	
	Pantalón corto	200			Pantalón	300	
	Rebeca	260			Pantalón corto	200	
	Vestido	475			Pantalón Smoking	350	
	Vestido largo	600					

3.06.477
Gráficas Andalus

TOTAL...

7-24 ¡A comprar un automóvil! ¿Qué marca de auto te gustaría tener? Imagínate que tienes oportunidad de comprarlo. Vas a la concesionaria y hablas con el (la) dependiente(a). Describe el coche que quieres, con todos los detalles posibles. Por ejemplo, puedes usar los 'tips' de la lista de abajo. El (La) dependiente(a) tratará de venderte un coche, ¡claro! A ver si lo compras.

TIPS QUE DEBES TENER EN CUENTA ANTES DE COMPRAR UN

AUTOMOVIL

1. Economía (cuántos kilómetros rinde por litro de gasolina).
2. Tamaño y espacio para pasajeros, según tus necesidades.
3. Número de puertas.
4. Caballos de fuerza.
5. Dirección asistida (es decir, *power steering*).
6. Sistema de calefacción y aire acondicionado.
7. Fabricación del auto: extranjera o nacional.
8. Facilidades para obtener las piezas de repuesto.
9. Costo de las reparaciones.
10. Tipo de transmisión (automática o manual).
11. Extras (radio, piloto automático, cristales ahumados).
12. Variedad de mecánicos expertos en este tipo de automóvil.
13. Recomendaciones de amistades que hayan tenido contacto con ese tipo de auto.

7-25 Representar papeles Pónganse en grupos de tres estudiantes. El (La) profesor(a) asignará a cada grupo una escena para dos personas. Estudien bien la escena y piensen en qué cosas se podrían decir. Luego un(a) estudiante hará el papel de un personaje, otro(a) estudiante hará el papel del otro personaje y el (la) tercer(a) estudiante tomará apuntes. El (La) que escucha y toma apuntes debe relatarle al resto de la clase lo que dijeron sus compañeros.

Para asegurarte de que hayas comprendido bien, practica la técnica de repetir lo que el otro ha dicho con tus propias palabras.

7-26 ¿Qué pasó? El (La) profesor(a) te dará una tarjeta con datos que usarás para hablar con un(a) compañero(a). Trata de averiguar lo que piensa él (ella). Aunque no estén de acuerdo al principio, deben tratar de ponerse de acuerdo antes de terminar la conversación.

Fuera de clase

7-27 ¿Por qué se pelean? En la televisión hay programas dedicados a la argumentación (por ejemplo, "Cristina" y los programas políticos), y en otros —como las telenovelas— los personajes tienden a discutir apasionadamente. Mira un programa de televisión en el que las personas suelen expresar opiniones. Graba una discusión y mírala dos o tres veces más, hasta que entiendas de qué se trata y cuáles son las opiniones que se expresan. Luego, hazle un informe a la clase. Puedes tocar (*play*) tu grabación y explicarle la discusión a tus compañeros de clase. ¿Qué técnicas usaron los personajes para manejar la discusión?

7-28 A escribir

A. **La pluma envenenada** Escríbele una 'carta venenosa' a tu 'peor enemigo(a)' —imaginario(a), por supuesto— en la que lo (la) acusas de alguna atrocidad. El (La) profesor(a) recogerá las cartas en la próxima clase y las distribuirá a otros estudiantes. (Pero cuidado con los términos que uses: El profesor se reserva el derecho a censurar las cartas.) Escribe otra carta contestando la que te dé el (la) profesor(a).

B. **La carta de quejas** Tú has comprado algo por el Internet que no funciona o que no te gusta por alguna razón. Tienes que devolverlo. Escribe un mensaje o una carta en la que expliques lo que pasa y te quejes de la calidad del producto.
Ejemplo de formato:
(Muy) Estimados señores:
(Introducción —¿cortés?)
(Por qué no sirve el producto)
(Explicación de lo que has hecho y cómo te sientes)
(Conclusión —¿cortés, o feroz?)
Muy agradecido por su atención a este asunto,/Muy disgustado(a),
(Tu nombre y apellidos)
(¿Tu título?)

Vocabulario

Palabras y expresiones que quiero recordar

CAPÍTULO

8

Giving and Receiving Advice

¿Qué hago?

Introducción:

Decisiones de la vida diaria

8-1 ¿Piensan lo mismo? ¿En qué están en desacuerdo Carlitos y su perro? Se dice en inglés que algunas personas comen para vivir mientras que otras viven para comer. ¿A qué grupo perteneces tú?

8-2 Los consejos A veces estamos indecisos, no sabemos qué hacer. Puede tratarse de algo importante, como por ejemplo, a qué universidad vamos a asistir, o puede ser una cosa sin mucha trascendencia, como nuestro programa para el fin de semana. A veces, pedimos consejos, otras veces, no. Con frecuencia, también, les damos consejos a los demás, aunque no nos los pidan. Contesta las siguientes preguntas personales.

1.Antes cuando eras niño,...
- **a.** a quiénes les pedías consejos?
- **b.** sobre qué cosas pedías consejos?
- **c.** a quiénes les dabas consejos?
- **d.** sobre qué cosas les dabas consejos?
- **e.** seguían tus consejos?

2. Actualmente,...
- **a.** a quiénes les pides consejos?
- **b.** sobre qué cosas les pides consejos?
- **c.** a quiénes les das consejos?
- **d.** sobre qué cosas les das consejos?
- **e.** siguen tus consejos?

Escuchar y practicar

Track 8-1

CONVERSACIÓN 1: El médico y el paciente

Antes de escuchar

8-3 Consejos médicos Piensa en las relaciones entre el (la) médico(a) y sus pacientes. Los pacientes consultan al(a la) médico(a) porque quieren saber cómo están. Le preguntan sobre su salud y le piden consejos para mantenerse sanos. Por su parte, el(la) médico(a) está obligado(a) a decirles cómo están y a darles consejos. Lo que no es seguro es lo que hacen los pacientes después de oír el diagnóstico y las recomendaciones del(de la) médico(a). ¿Siguen sus recomendaciones o no? ¿Qué creen tú y tus compañeros?

1. ¿Para qué consultan los pacientes a un(a) médico(a)?
2. ¿Qué recomendaciones puede darles un(a) médico(a)?
3. ¿Qué hacen los pacientes durante la consulta?
4. ¿Qué le dicen al (a la) médico(a)?
5. ¿Qué preguntas le hacen?
6. ¿Cómo están al salir del consultorio del (de la) médico(a)?
7. ¿Qué hacen como resultado de la consulta?
8. ??? (¿Qué más te parece importante cuando un(a) paciente consulta al médico?)

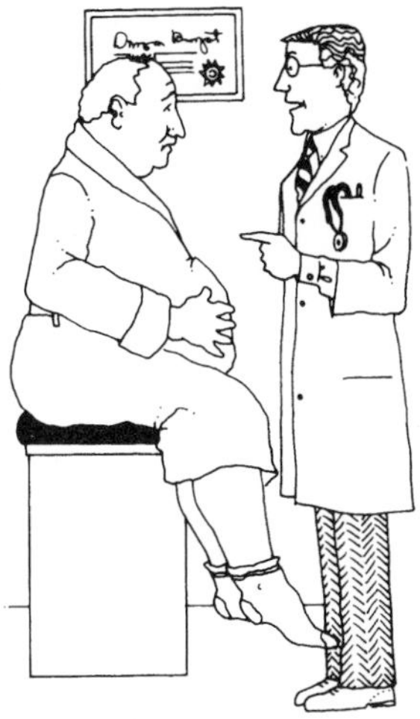

8-4 Mi rutina diaria Antes de escuchar la conversación entre el médico y el paciente, piensa en lo que comes y en lo que haces todos los días. ¿Qué crees? ¿Qué te diría un(a) médico(a) si supiera lo que comes y lo que haces?

Si supiera lo que como, me diría

____

____

____

Si supiera lo que hago, me diría

____

____

____

Escuchar

8-5 El pronóstico médico Ahora, escucha la primera conversación entre el doctor Méndez y un paciente que vuelve para saber el resultado de un análisis que se hizo la semana anterior. El médico cree que es algo bastante serio y le hace varias recomendaciones.

1. Según el análisis y el examen médico, ¿qué tipo de paciente es?

 ____

2. ¿Qué le sugiere el médico?

 a. cambiar ______________________________

 b. comer sin ______________________________

 c. hacer ______________________________

 d. cambiar ______________________________

 e. debe hacer ______________________________

 f. Por ejemplo, ______________________________

 g. practicar ______________________________

 h. ¿Qué opina de ______________________________

 i. ¿Por qué no se dedica a ______________________________

3. ¿Qué piensa el paciente de las recomendaciones? ¿Qué dice que nos revela sus sentimientos?

 ____

 ____

 ____

 ____

 ____

8-6 Por mi parte... Compara esta conversación con las que has tenido tú con un(a) médico(a).

1. ¿En qué aspectos es semejante?
2. ¿En qué aspectos es distinta/diferente?

8-7 ¿Qué opinas tú?

1. ¿Cómo es el médico? ______________________________

2. ¿Cómo es el paciente? ______________________________

3. ¿Qué debe hacer el médico? ______________________________

4. ¿Qué debe hacer el paciente? ______________________________

8-8 ¿Qué más pasó?

Ahora, contesta las siguientes preguntas sobre detalles más específicos de la conversación.

1. ¿Es buena o mala la noticia que le tiene el doctor?

   ____

2. ¿Cómo se puso el paciente al oír la noticia?

   ____

3. ¿Cómo era el paciente cuando era joven?

   ____

4. ¿Qué cosa no utiliza él desde hace mucho tiempo?

   ____

5. Según el médico, ¿cómo es el paciente?

   ____

6. ¿Por qué le dice el médico al paciente que puede dedicarse a perseguir muchachas?

   ____

8-9 ¿Cómo se diría en inglés...?

Escucha la conversación otra vez, prestando atención a las siguientes palabras y frases. Explica lo que se diría en inglés en la misma situación.

¿Cómo le va?; **No me diga**; **Primero**; **Ay, doctor, mire.**; **¿verdad?**; **de todas maneras**; **¡Qué barbaridad!**

____

____

____

____

Después de escuchar

Expresiones útiles para describir los síntomas

Me duele la cabeza.	*My head hurts.*
Tengo fiebre.	*I have a fever.*
Estoy resfriado.	*I am congested.*
Estoy cansado siempre.	*I am always tired.*
No puedo dormir.	*I can't sleep.*
Nunca tengo hambre.	*I am never hungry.*
Tengo dolor de estómago.	*I have a stomach ache.*
Siempre tengo sed.	*I am always thirsty.*
Me desmayé.	*I fainted.*
Tengo anemia.	*I am anemic.*
Padezco de una alergia.	*I suffer from an allergy.*
Me tomó la presión/tensión.	*He/She took my blood pressure.*
Va a dar a luz en septiembre.	*She's going to deliver in September.*
¡Ay! ¡Qué dolor!	*Oh! How it hurts!*
Saque la lengua.	*Stick out your tongue.*
Me pone el termómetro.	*He/She puts in the thermometer.*
Tiene una pierna rota.	*He/She has a broken leg.*
¿Cuáles son las horas de visita?	*What are visiting hours?*
Llene su hoja clínica.	*Fill out your medical history.*
¿Ha tenido usted sarampión?	*Have you had the measles?*
¿Le han operado de las amígdalas?	*Have they taken out your tonsils?*
¿Está usted vacunado contra la viruela?	*Have you been vaccinated against smallpox?*
¿Es usted alérgico(a) a la penicilina?	*Are you allergic to penicillin?*
¿Qué es lo que siente?	*Describe your symptoms.*
Es necesario tomarle una radiografía.	*X-rays are necessary.*
Me pone una inyección.	*He/She gives me a shot.*
Hay que hacer un análisis de sangre.	*They have to do a blood test.*
Lleve usted esta receta a la farmacia.	*Take this prescription to the drugstore.*

Expresiones útiles para hablar de las enfermedades

el (la) alcohólico(a)	*alcoholic*
la alta tensión arterial	*high blood pressure*
el arteriosclerosis (colesterol)	*arteriosclerosis (cholesterol)*
el cáncer	*cancer*
la diabetes	*diabetes*
la depresión	*depression*
el (la) drogadicto(a) (toxicómano(a), narcómano(a))	*drug addict*
la enfermedad del corazón	*heart disease*
la enfermedad mental	*mental illness*
el SIDA	*AIDS*
la tensión nerviosa	*stress*
la toxicomanía (drug addiction)	*drug addiction*

8-10 El (La) paciente y el (la) médico(a) Con un(a) compañero(a) de clase hagan el papel de un(a) paciente y el de un(a) médico(a). Pueden consultar los siguientes puntos para ayudarlos a prepararse para hacer los papeles.

1. El papel del (de la) médico(a)
   a. ¿Cómo es el (la) médico(a)? ¿simpático(a)? ¿antipático(a)? ¿paciente? ¿impaciente?
   b. ¿Cómo saluda a los pacientes?
   c. ¿Cómo los trata?
   d. Prepara una lista de preguntas para averiguar qué problema(s) tiene el (la) paciente.
   e. Prepara una lista de recomendaciones.

2. El papel del (de la) paciente
   a. ¿Cómo eres tú? ¿Qué tipo de persona eres?
   b. ¿Estás dispuesto(a) a seguir las recomendaciones del (de la) médico(a)?

3. Prepara una descripción de tu problema o enfermedad.

4. Piensa en las preguntas más comunes que un(a) médico(a) le hace a un(a) paciente. También, piensa en una enfermedad (imaginaria, claro) y en algunas expresiones para describirla. Luego, en grupos de dos hagan el papel de médico(a) y de paciente. Los dos deben alternar los dos papeles que van a hacer. Fíjense en las recomendaciones del (de la) médico(a) y en la actitud de la paciente al oírlas.

5. Haz el papel de médico(a) y explícales a los otros estudiantes
   a. el problema del (de la) paciente
   b. tus recomendaciones para su mejoría.

Track 8-2

CONVERSACIÓN 2: Los cursos

Antes de escuchar

Expresiones útiles para hablar de las clases

¿Me falta otro curso?	*Do I need another course/class?*
¿Qué me recomiendas?	*What do you recommend for me?*
¿Cómo es ese curso?	*What is that course/class like?*
¿Es difícil (fácil, interesante, aburrido, pesado, divertido)?	*Is it difficult (easy, interesting, boring, a drag, fun)?*
¿En qué te especializas?	*What are you majoring in?*
¿Hay que aplicarse en filosofía?	*Do you have to work hard in philosophy?*
¿Qué debo estudiar (recordar)?	*What should I study (remember)?*
¿Cómo debo estudiar?	*How should I study?*
¿No sería mejor que tomara ese curso el año que viene?	*Would it be better to take that course next year?*
¿Crees que debo hacer la tarea?	*Do you think I should do the homework?*
¿Tengo que estudiar los apuntes?	*Do I need to study the notes?*
¿Es posible cambiarlo por (sustituir) otro curso?	*Is it possible to substitute another course/class?*
¿Se nos permite cambiar de parecer?	*Is is possible to change one's mind?*
¿Es obligatorio?	*Is it a requirement?*
Es mejor que no faltes a clase.	*It is better not to miss class.*
Te recomiendo que prestes atención durante la conferencia.	*I advise you to pay attention during the lecture.*
Está bien si quieres tomar apuntes.	*It's O. K. if you want to take notes.*
A mi parecer es importante leer con cuidado el libro.	*It seems to me important to read the book carefully.*
Sí (No), (no) creo que debes tomar el examen.	*Yes(No), I (don't) think you should take the exam.*
Claro que sí.	*Of course.*
Creo que sí (no).	*I believe so (not).*
Claro, ¿cómo no?	*Of course, why not?*
la sala de conferencias	*lecture hall*
el aula	*classroom*
el libro de texto	*textbook*
el cuaderno	*notebook*

la nota	*grade*
el informe	*paper*
hacer una investigación	*to do a research project*
el trabajo de investigación	*research project*
el catálogo de fichas	*card catalog*
la matrícula	*tuition*
el cuadro (tablero) de anuncios	*bulletin board*

8-11 ¿Qué cursos vas a tomar? En la universidad hay cientos, aun miles, de cursos. Los hay de todo tipo: los que tienen muchos estudiantes y los que tienen pocos, los fáciles y los difíciles, los interesantes y los que no lo son. Los cursos son diferentes, y los estudiantes son distintos también. Hay cursos que les interesan a todos. Piensa en todas las preguntas que tienen que ver con los cursos y escríbelas en la pizarra. Las siguientes preguntas te servirán de guía.

1. ¿Qué quieres saber sobre un curso antes de tomarlo?
2. ¿Qué te gustaría saber del (de la) profesor(a) antes de matricularte en la clase?
3. ¿A quiénes les haces preguntas sobre los cursos?
4. ¿Qué clase de informes te da cada persona?
(por ejemplo: consejeros, profesores, amigos, padres, otros estudiantes)
5. Antes de escoger un curso, ¿qué aspectos del mismo tienes en cuenta?
6. ???

Expresiones útiles para pedir consejos

¿Qué debo hacer?	*What should I do?*
¿Qué me sugieres?	*What do you suggest?*
¿Qué me aconsejas (recomiendas)?	*What do you advise (recommend)?*
¿Qué te parece? **¿Qué opinas (crees) tú?**	*What do you think?*
¿Qué harías tú?	*What would you do?*
No sé qué voy a hacer.	*I don't know what I'm going to do.*
¿Cómo es esa clase?	*What is that class like?*

Expresiones útiles para responder a los consejos.

Está bien, pero será difícil.	*That's O.K., but it will be difficult.*
¿Crees que...?	*Do you think . . . ?*
¿De veras? / **¿De verdad?**	*Really?*
Ah, no puedo.	*Oh, I can't.*
Ah, no quiero...	*Oh, I don't want . . .*
Porque no me gusta...	*Because I don't like . . .*
Estoy preocupado(a).	*I'm worried.*
No había pensado en eso.	*I had not thought about that.*
Te agradezco los consejos.	*I appreciate your advice.*
(No) Lo haré.	*I will (not) do it.*

8-12 Quisiera saber... Eres un(a) estudiante recién llegado(a) a la universidad. Sabes que hay ciertos requisitos para uno a poder graduarse, pero sabes muy poco sobre los cursos mismos. ¿Qué preguntas les harás a los consejeros y a los otros estudiantes para obtener los informes que necesitas?

Escuchar

8-13 ¿Qué quiere saber? Escucha la segunda conversación en la que un estudiante le pide a una amiga datos sobre los cursos de la universidad.

1. ¿Qué quiere saber él sobre los cursos?

___

___

___

___

2. ¿Qué datos le da ella sobre los cursos?

____

____

____

____

3. ¿Qué quiere saber él sobre los profesores?

____

4. ¿Qué le aconseja ella con respecto a los profesores?

____

5. ¿Qué quiere saber él sobre los exámenes?

____

6. ¿Qué preguntas le hace a su amiga sobre los cursos que ha tomado ella?

____

____

8-14 ¿Qué opinas? ¿Qué piensas de este estudiante? ¿Qué clase de estudiante es? ¿Es un estudiante típico?

8-15 Más detalles Escucha la conversación otra vez y contesta estas preguntas.

1. ¿Por qué le pide a su amiga que le recomiende un curso?

____

2. Según ella, ¿cómo son los cursos de psicología?

____

3. ¿Por qué lo cree así?

____

____

4. ¿Cómo describe su amiga a los profesores de psicología? Una palabra que utiliza es "rarezas".

____

____

8-16 **¿Cómo se diría en inglés?** Escucha la conversación una vez más, prestando atención a la función de las siguientes palabras: **Oye; Pues; Mira; Pero; Bueno; O sea, que;** y **Ya.** ¿Cuáles son las expresiones equivalentes en inglés?

____

____

Después de escuchar

8-17 ¿Qué cursos tomas este semestre?

1. Prepara una lista de preguntas para entrevistar a un(a) compañero(a) de clase para averiguar lo siguiente:
   a. sus cursos
   b. sus razones para escogerlos
   c. si está contento(a) con ellos
2. Entrevista a un(a) compañero(a) de clase sobre los cursos que toma este semestre, empleando las preguntas que has preparado.
3. Descríbeles a los otros estudiantes, tu plan de cursos, tus razones para tomar los cursos y tu satisfacción (o falta de) con ellos y pídeles consejo para el futuro.

Track 8-3

CONVERSACIÓN 3: El ejercicio

¿Qué crees? ¿Qué dice la tarjeta?

____

____

____

Es usted irresistible, hermosa, elegante y encantadora, desgracíadamente, pesa 85 kilos.

Antes de escuchar

8-18 ¿Haces ejercicio? Muchas personas practican algún deporte, trotan, levantan pesas, hacen ejercicio o bailan para mantenerse en forma. Otras creen que vale la pena hacer ejercicio, pero no tienen tiempo ni deseo de hacerlo. También existen "los poltrones", "las patatas de sofá", que ni siquiera quieren pensar en hacer ejercicio. ¿A cuál de los tres grupos pertenecen tú y tus amigos?

1. Hablen de las razones para hacer ejercicio.
2. Comenten las razones para no hacer ejercicio.
3. Preparen un régimen de ejercicio para diferentes personas:
   a. un(a) estudiante de la escuela secundaria
   b. un(a) estudiante universitario(a)
   c. un(a) profesor(a)
   d. un amo(a) de casa
   e. una persona de setenta años
4. Hablen de los beneficios y de los peligros de hacer ejercicio y de no hacerlo.
5. ???

8-19 ¿Debo comenzar a trotar? Supongamos que tienes un(a) amigo(a) que se mantiene en forma y siempre guarda la línea. A ti te gustaría hacer lo mismo. Haz una lista de las preguntas que le harías para averiguar "su secreto".

____

____

____

____

____

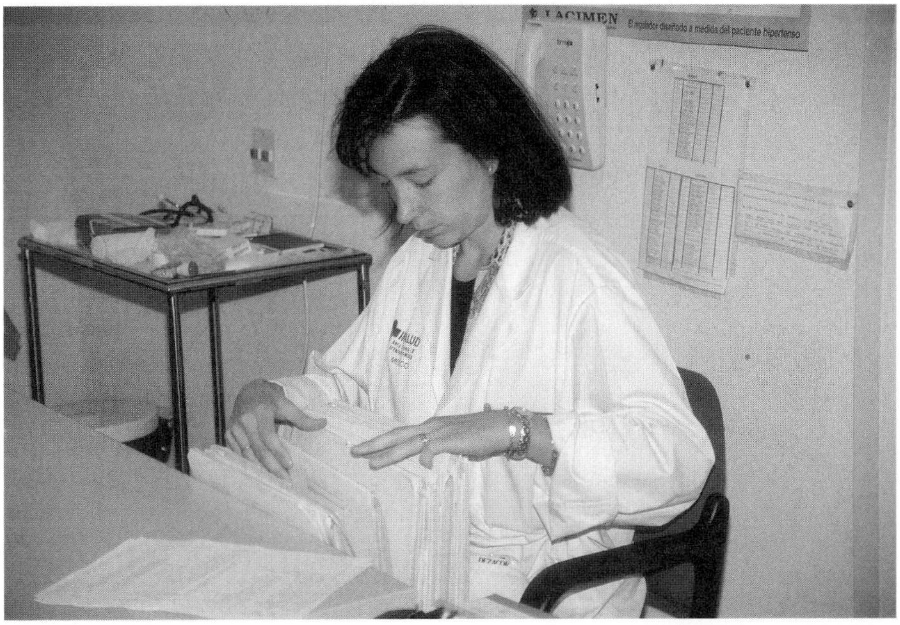

Escuchar

8-20 ¿Qué consejos le da? Escucha la tercera conversación en la que un joven quiere empezar a correr, como forma de ejercicio, y le pide consejos a un amigo.

1. ¿Qué quiere saber?

____

____

2. ¿Qué consejos le da su amigo?

____

____

____

8-21 ¿Qué crees? ¿Qué opinas tú después de haber escuchado esta conversación?

1. ¿Crees que trotar es buen ejercicio?
2. ¿Crees que te gustaría comenzar a trotar?

8-22 ¿Y qué más? Escucha la conversación otra vez y contesta estas preguntas.

1. ¿Cómo se puede evitar el cansancio al principio, cuando se empieza a hacer ejercicio?

____

2. ¿Por qué son tan importantes los zapatos?

____

8-23 ¿Qué quiere decir...? Ahora, escucha la conversación una vez más, para aclarar el significado de las siguientes palabras y frases.

1. yo llevo cinco años trotando

____

2. Corro tres kilómetros diarios como mínimo

____

3. Te sientes mal...

____

4. ...sudaderas...

____

5. ...camiseta...

____

6. ...vestuario para trotar...

____

7. ...Te va a quedar molido el cuerpo...

____

Después de escuchar

Expresiones útiles para dar y responder a consejos sobre los deportes

Hazlo.	*Do it.*
Es fácil/difícil.	*It's easy/difficult.*
Hay que practicar mucho.	*You have to practice a lot.*
Debes comprarte otros zapatos.	*You should buy yourself other shoes.*
Eso no me gusta.	*I don't like that.*
Lo siento, pero no sé nada de fútbol.	*I'm sorry, but I don't know anything about soccer.*
¿Estás seguro?	*Are you sure?*
No me digas.	*Don't tell me.*
Ay, no tengo mucho tiempo.	*Oh, I don't have much time.*
Cuesta mucho jugar al golf, ¿no?	*It costs a lot to play golf, doesn't it?*
¿Por qué no le preguntas al (a la) entrenador(a)?	*Why don't you ask the coach?*

8-24 Consejos sobre los deportes y el ejercicio

1. Piensa en un deporte o ejercicio del que te gustaría saber más. También, piensa en los consejos que te ayudarían al comenzar a practicarlo y prepara por lo menos cinco preguntas para un(a) compañero(a) sobre este deporte o ejercicio.

2. Apunta en la pizarra el deporte o el ejercicio escogido por cada estudiante.

3. Escribe los nombres de los estudiantes que saben algo de este deporte o ejercicio.

4. Divídanse en dos grupos: uno para pedir consejos y otro para darlos. Después, todos pueden intercambiar papeles.

5. En orden alfabético de temas, los que quieren consejos deben pedírselos a los que practican el deporte o hacen el ejercicio.

6. Al final, cada uno debe explicarles a los demás por qué va o no a comenzar a practicar el deporte o a hacer el ejercicio.

8-25 ¿La pizza o la sopa? Lee este artículo "Verduras con legumbres mejor que una pizza".

Verduras con legumbres mejor que una pizza

● ¿La pizza es uno de tus platos preferidos y eres incapaz de resistirte a esta deliciosa tentación? Está bien, puedes permitirte el lujo, pero si no quieres incrementar de forma apreciable la ingesta de grasas tendrá que ser plato único y optar por la variedad más sencilla.

● Decídete por una margarita, una marinera o una preparada a base de verduras y no se te ocurra abusar de los ingredientes extras. La pizza margarita (sólo masa, tomate y *mozzarélla*), en efecto, proporciona por si sola nada menos que 35 g de grasas.

● Sin embargo, si quieres tener las calorías bajo control debes decantarte por opciones más ligeras. ¿Hay algo más adecuado? Por su puesto que sí. El arroz a la milanesa, un plato delicioso que contiene un tercio de las grasas de la pizza, lo que supone, como es evidente, una disminución considerable y bastante aconsejable si no quieres abusar de las grasas.

● Pero existen otras alternativas todavía mejores. Tomemos como ejemplo una exquisita sopa de legumbres y diferentes verduras. Una sola ración contiene menos de 6 gramos de grasas, lo que hace que resulte un plato ideal y muy apetecible en cualquier momento. Podrás tomarla sin problemas con la frecuencia que te apetezca. Es un plato muy aconsejable, sobre todo, para tomar por la noche pues es ligera y fácil de digerir.

¿Qué opinas de estas recomendaciones? Explica por qué piensas o no seguirlas.

Situaciones

Expresiones útiles para dar consejos

Te digo que sí (no).	*I'm telling you yes (no).*
Es probable que sí (no).	*Probably yes (not).*
Es posible que mañana...	*Possibly tomorrow . . .*
Te aconsejo que...	*I advise you to . . .*
Es mejor...	*It's better . . .*
Te sugiero que...	*I suggest you . . .*
Opino que (no) es...	*I believe it's (not) . . .*
(No) Creo que sí.	*I (don't) think so.*
Te recomiendo que...	*I recommend that you . . .*
¿Por qué no...?	*Why don't you . . . ?*
Trata de...	*Try to . . .*
¿Has pensado en...?	*Have you thought about . . . ?*
Quiero que tú...	*I want you to . . .*
Tienes que...	*You have to . . .*
La otra sugerencia es que...	*The other suggestion is that . . .*
Puedes...	*You can . . .*
¿Por qué no...?	*Why don't you . . .?*
Me parece que...	*I think . . .*

Expresiones útiles para expresar lo que uno(a) piensa de los consejos

No sé qué hacer (lo que voy a hacer).	*I don't know what to do (what I'm going to do).*
A mi parecer, no hay más remedio.	*In my opinion, there is no choice.*
Si fuera tú, seguiría sus recomendaciones.	*If I were you, I would follow his recommendations.*
Es importante (preciso, necesario) que hagas lo que te dice.	*It's important (necessary) to do what he (she) tells you.*
Está bien que...	*It's good that . . .*
Está claro que...	*It's clear that . . .*
Es dudoso que...	*It's doubtful that . . .*

8-26 Lo que tienes que hacer es... Formen grupos de cuatro estudiantes y preparen una lista de consejos, por lo menos diez, para alcanzar algún propósito. Cada grupo debe escoger un tema diferente. Algunos temas podrían ser los siguientes, pero pueden escoger cualquier otro tema que les guste.

1. para tener muchos amigos
2. para sacar buenas notas
3. para ser rico(a)
4. para tener éxito en la carrera
5. para conservarse bien de salud
6. para ser feliz
7. para evitar la tensión nerviosa
8. para protegerse de los ladrones
9. para llevarse bien con los demás

Antes de incluir algún consejo en la lista, todos tienen que estar de acuerdo en que el tema es importante.

Después, preséntenle su lista a la clase. Sus compañeros les dirán si están de acuerdo o no. Si no están de acuerdo, deben ofrecerles otro consejo.

8-27 Temas Con dos compañeros, hablen de uno de los siguientes temas y denle consejos a la persona descrita.

1. las causas de la tensión en la vida contemporánea
   Parece que sufrimos de dolores de cabeza, tensión, alta presión arterial, preocupaciones, etc. Una persona que conoces sufre de todos estos males.
   a. ¿Por qué sufre de ellos?
   b. ¿Qué debe hacer la persona para evitarlos?

2. el descontento entre los estudiantes
   Nos dicen que los estudiantes no se interesan por los estudios, que muchos usan drogas, que beben demasiado alcohol, que aumenta más y más el número de suicidios entre los jóvenes. Supongamos que conoces a un(a) estudiante universitario(a) que toma cada vez más alcohol, se droga y no estudia nunca.
   a. ¿Cómo se puede explicar el descontento de este(a) estudiante?
   b. ¿Qué le recomiendas que haga para no perderse?

3. la tristeza de la soledad
   Un psicólogo ha dicho que uno de los problemas mayores en la sociedad contemporánea es la tristeza que causa el sentimiento de soledad. Conoces a algún(a) estudiante universitario(a) que esté deprimido(a)?
   a. ¿Cuáles son las causas de su soledad?
   b. ¿Qué debe hacer él (ella)?

4. otro tema de actualidad que les parezca importante.

8-28 Consejos académicos Divídanse en grupos de tres estudiantes. El (La) profesor(a) les dará a dos estudiantes una tarjeta con la descripción del papel que deben representar. El (La) tercero(a) escuchará, escribirá lo que dicen los otros dos y con la ayuda de los otros miembros del grupo le presentará a la clase un resumen del contenido de la conversación.

resumen:

8-29 Una escena Tres amigos(as) están en el cuarto de uno de ellos. Hablan de lo que van a hacer el viernes por la noche. a. Uno(a) quiere ir al cine. Les dice las películas que dan y trata de convencer a sus amigos(as) de que vayan a ver alguna. b. Otro(a), que tiene poco dinero, quiere alquilar un video para mirarlo en casa; les habla de los videos más populares y les pide que escojan uno. c. El (La) último(a), que no tiene ningún dinero, está a favor de mirar televisión y les habla de la programación que hay para ese día.

EL TIEMPO

p.m.

deportes telenovela noticias series - variedad - cultural

NACIONAL

CANAL	7:00	7:30	8:00	8:30	9:00	9:30	10:00	10:30	11:00	11:30	12:00
Canal A	Noticiero TV Hoy	Especial musical *Musical*		Crónica real	Goles y golazos	Noticiero Hora Cero	Cine hoy Al cierre de esta edición el canal no había confirmado el título				Fin de la emisión
Canal Uno	Sweet *Magazín*	Uninoticias *Informativo*	Show de las estrellas	Pandillas guerra y paz Serie		NTC noticias *Informativo*	Largometraje NTVC Al cierre de esta edición el canal no había confirmado el título				Fin de la emisión
Señal Colombia	Señal 99.1 Jazz I	La familia espejo	Bolívar, el hombre de las dificultades		Cine Universal Las águilas atacan				Revelando el tiempo *La extorsión en el mundo del cine*		Fin de la emisión

CANAL	7:00	7:30	8:00	8:30	9:00	9:30	10:00	10:30	11:00	11:30	12:00
Citytv	Viene: Miss Caribe Ver recomendado		Citynoticias *Informativo*	Las mil y una noches *Serie extranjera*		Friends *Serie Extranj.*	Sex and the City *Serie*	Citycápsula	Buen cine.		Sin límite
Caracol	Caracol Noticias	Civco de policías y detectives El último boy scout				Nuevos detectives		Taxi *Entrevistas*	Blanco y negro *Serie extranjera*		
RCN	Noticias RCN *Informativo*	Cine La isla del doctor Moreau				Especial de magia		Fuera de lugar	7 en treinta *Informativo*	Piratas Whiland	

CANAL	7:00	7:30	8:00	8:30	9:00	9:30	10:00	10:30	11:00	11:30	12:00
Capital	Discovery Channel *Documental*		Serie coreana	Noticias Capital	En la jugada *Deporte*	Festival de cine de Cuba	Musicapital	La filarmónica enseña *Musical*		Musicapital	Fin de la emisión

TELEVISIÓN PAGA

CANAL	6:00	6:30	7:00	7:30	8:00	8:30	9:00	9:30	10:00	10:30	11:00
HBO	6:15 Cambio de papeles (1999) Fantasía Un futbolista y su esposa embarazada intercambian cuerpos. David Alan Grier.				Sociedad secreta (2000) Suspenso Un estudiante es presionado a unirse a una sociedad secreta. Joshua Jackson.					Nuestro amor (1999) Comedia-Drama Con Bruce	
HBO Plus	Viene: El novato (1990) Drama Un detective desea acabar con una red de ladrones de autos. Con Clint Eastwood.				Día de independencia (1996) Ciencia Ficción Sobrevivientes pelean contra una invasión extraterrestre. Con Will Smith.				Murciélagos (1999) Terror Con Lou Diamond Phillips.		
Cinemax	Viene: Mr. Wrong (1996) Comedia Ellen DeGeneres.		7:15 Storm Warning		8:15 Tyson (1995) Biografía Un perfil del ex campeón de boxeo de peso pesado. Con George C. Scott.				10:15 Submerged (2000) Terroristas derriban un jet que lleva un misil. Con Coolio		
Cinecanal	Roswell Steven	6:25 La magia del amor (1991) Comedia El fantasma de un músico vuelve para animar a su novia. Con Juliet Stevenson.				8:20 Muriendo por vivir (1999) Drama Con Jonathan Frakes.			Engaño pequeño (1999) Con Alison Eastwood.		
Cinecanal 2	Viene: Juegos de campeones			La carta de amor			9:05 El mundo no basta				
Moviecity	Coraje (1998)	6:20 Las aventuras de sebastián Cole (1998) Comedia-Drama Con Adrian Grenier.				Misión imposible II Ethan debe recuperar un mortal virus de manos enemigas. Tom Cruise.			10:05 Xuxa Requebra (1999) Musical Con Xuxa Meneghel.		
The Film Zone	Tu casa es mi casa (1992) Comedia Un arquitecto tiene que compartir su casa con una camarera. Con Steve Martin.				Depredador (1987) Ficción Un equipo de rescate es el blanco de un cazador de humanos. Arnold Schwarzenegger.				Blue Steel (1990) Drama Con Jamie Lee Curtis.		
TNT	Sofie (2000) Drama Un infante abandonado da una lección de amor a una familia. Con Farrah Fawcett.				Vivir rodando (1995) Comedia-Drama Actores difíciles y un error técnico complican al director. Con Steve Buscemi.				Olvídate de París (1995) Comedia Con Billy Crystal.		
Hallmark	Viene: Una pareja especial (1998) Albert Finney.		Instinto asesino: la frialdad de la muerte (2001) La ex policía Joanne Kilbourn, es sospechosa de homicidio.				Al Sur de Brooklyn Drama de Crimen Clown Without Pity		Alguien poco común (2001) Drama Cor Bridget Fonda.		

CANAL	6:00	6:30	7:00	7:30	8:00	8:30	9:00	9:30	10:00	10:30	11:00
ESPN	Professional Golf Association Senior Tour		The gaelic game		Boxeo	Boxeo			Sportscenter		Fútbol de España
PSN	Viene: Fútbol mexicano verano 2002		7:05 WTA tour			8:35 Tour europeo de golf					Por anunciar
Fox Sports	Liga nacioinal de fútbol americano Superbowl XXXVI. Desde New Orleans Ver recomendado								Fox sports noticias		Fútbol de Argentina

8-30 El horóscopo Primero, busca un(a) compañero(a) de clase que sea del mismo signo del zodíaco que tú. Después de encontrar a uno(a), lean ustedes los consejos para su signo en el siguiente horóscopo y escriban otros consejos para alguien que sea del mismo signo. Después de terminar estos horóscopos personales, busca otro(a) compañero(a) que sea del mismo signo del zodíaco que tú. Dile su horóscopo que ustedes escribieron en el primer grupo y pídele que te diga lo que dice el tuyo que tiene él (ella).

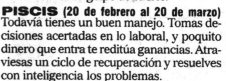

HOROSCOPO

SAGITARIO

ARIES (21 de marzo al 20 de abril) Diplomático. Nunca se sabe de dónde saldrá la oportunidad que te asegure mejores ingresos. Por eso es imprescindible participes en reuniones aunque parezcan innecesarias.

TAURO (21 de abril al 21 de mayo) Realismo. Atraviesas un ciclo en el que no debes sobreexigirte ni permitir que otros alteren tu ritmo. Las presiones y tus deseos de triunfar te pueden llevar a comprometerte en más trabajos que los deseables.

GEMINIS (22 de mayo al 21 de junio) Imprescindible. La originalidad y velocidad que demuestras para resolver todos los problemas son tus puntos fuertes. Comienza a crecer tu figura en el plano laboral. Regresas de viaje, entrégate al trabajo.

CANCER (22 de junio al 23 de julio) Gran omnipotencia. Te dejas llevar por impulsos que te traicionan. Los problemas hacen que malgastes energía. Estás más atento a criticar las fallas ajenas que a realizar tu trabajo.

LEO (24 de julio al 23 de agosto) Has dispuesto tu tiempo para cumplir con todas las tareas que te salen al paso, a pesar de que esto también te signifique sacrificar otras cosas. Sabes que a la hora de recibir los beneficios, te felicitarás.

VIRGO (24 de agosto al 23 de septiembre) Persuasión. La perfección y la convicción que te guían sirven para romper cualquier obstáculo. Con tu facilidad de palabra nada ni nadie podrá oponerse a tus intenciones laborales.

LIBRA (24 de septiembre al 23 de octubre) Superposición. Ordenes y contraórdenes. Esto hace que crezcan las presiones sobre tu trabajo. Recuerda que el Sol está en tu opuesto, y tendrás que hacer magia para vencer los obstáculos.

ESCORPION (24 de octubre al 23 de noviembre) Claridad. Es momento especial para expandir tus intereses a nuevos lugares, investigar otras posibilidades de acción. Ceden los obstáculos, y además se alejan personas que te transmitían mucha tensión.

SAGITARIO (24 de noviembre al 21 de diciembre) Debilidades y fortalezas. Algunos obstáculos pueden retrasarte, pero son pasajeros. Tienes que tomar todo lo negativo como una oportunidad. Sigue adelante con la audacia que te caracteriza.

CAPRICORNIO (22 de diciembre al 20 de enero) Te sientes en la vidriera. La ventaja sobre la competencia se agranda y recuperas clientes y prestigio profesional. Es tiempo para aprovechar tus contactos. Actividades que te permiten expresar tus ideas.

ACUARIO (21 de enero al 19 de febrero) Toda esta situación compleja por la que pasas se soluciona si introduces algunas variantes, las cuales serán muy buenas si flexibilizas tu posición de mando. Un oportuno golpe de suerte.

PISCIS (20 de febrero al 20 de marzo) Todavía tienes un buen manejo. Tomas decisiones acertadas en lo laboral, y poquito dinero que entra te reditúa ganancias. Atraviesas un ciclo de recuperación y resuelves con inteligencia los problemas.

Fuera de clase

8-31 El Internet Busca en el Internet o en un periódico de habla española una carta que pida consejos y trae una fotocopia a la clase. Léesela a tus compañeros y pídeles que preparen una respuesta (oral o escrita). (Un sitio para encontrar periódicos es la biblioteca pública del Internet.) Después, comparen sus consejos con los del (de la) consejero(a) del periódico.

8-32 Consejos de un(a) viajero(a) Entrevista a alguien que haya viajado a otro país y pídele consejos para cuando se viaja al extranjero.

los preparativos

1. ¿Qué documentos se necesitan para entrar y salir?
2. ¿Qué ropa y otros artículos se deben llevar?
3. ¿Cómo se puede llegar al país? ¿Cuáles son las ventajas de cada medio de transporte?
4. ¿Qué se debe saber en cuanto al cambio de moneda?
5. ¿Qué se debe saber del país?
6. ¿Hay que hablar el idioma local?

ya en el país

7. ¿Cómo se viaja de una ciudad a otra?
8. ¿Cómo se va de un lugar a otro dentro de la ciudad?
9. ¿Qué recomienda para comer?
10. ¿Qué sugiere con respecto al alojamiento?
11. ¿Qué aconseja para llevarse bien con la gente?
12. ¿Qué hay que tener presente cuando se va de compras?
13. ¿Qué lugares hay que visitar en el país?
14. ¿Qué le molesta más a la gente de allí?

Prepara un resumen de las respuestas y preséntaselo a la clase.

8-33 Para escribir Escribe una carta para pedir consejos sobre un problema, verdadero o imaginario, que tienes y dásela a un(a) compañero(a). El (Ella) te escribirá una respuesta.

Vocabulario

palabras y expresiones que quiero recordar

CAPÍTULO 9

Expressing and Reacting to Feelings

¡Ánimo, amigo!

Introducción

Amistad y noviazgo

9-1 ¡Tantas emociones! Esta tarjeta expresa muchos pensamientos y sentimientos. Escribe una (o más) línea(s) de la tarjeta que expresa(n) cada una de las siguientes ideas y emociones.

1. amor ______________________________

   ____

2. nostalgia ______________________________

   ____

3. agradecimiento ______________________________

   ____

4. esperanza para el futuro ______________________________

   ____

Después, decide para quién fue escrita esta tarjeta —¿para un(a) conocido(a)? ¿un(a) amigo(a)? ¿un(a) novio(a)? ¿Cómo lo sabes?

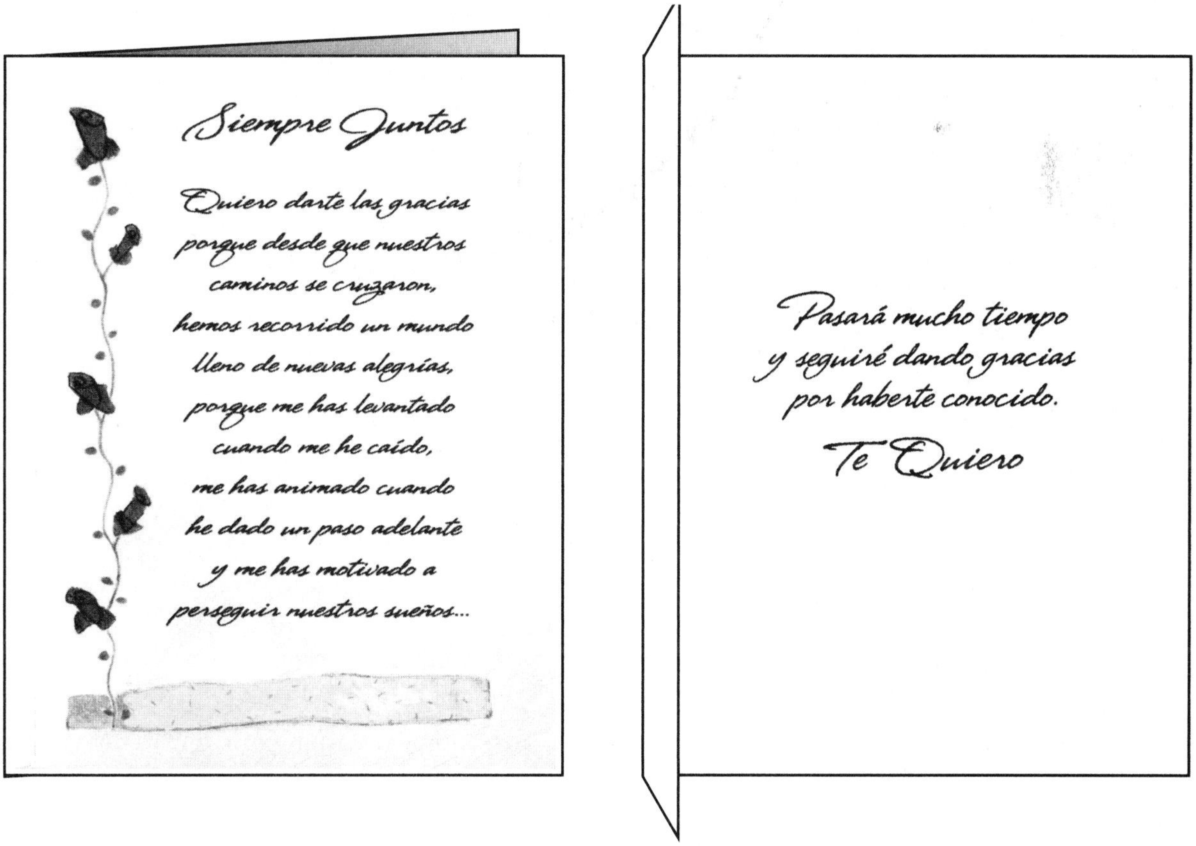
Siempre Juntos
Quiero darte las gracias
porque desde que nuestros
caminos se cruzaron,
hemos recorrido un mundo
lleno de nuevas alegrías,
porque me has levantado
cuando me he caído,
me has animado cuando
he dado un paso adelante
y me has motivado a
perseguir nuestros sueños...
Pasará mucho tiempo
y seguiré dando gracias
por haberte conocido.
Te Quiero

9-2 ¿Qué es el amor? He aquí un poema que expresa la opinión de la poetisa Kathleen Keating. Léelo y luego escribe tu propio poema, definiendo el amor o alguna otra emoción.

El amor es un dragón
que baila al compás de un doble latido.
Llora
ríe
canta
exhala fuego
y une lo dividido
hasta darle armonía.

El amor es un dragón
que baila al compás
de un doble latido.

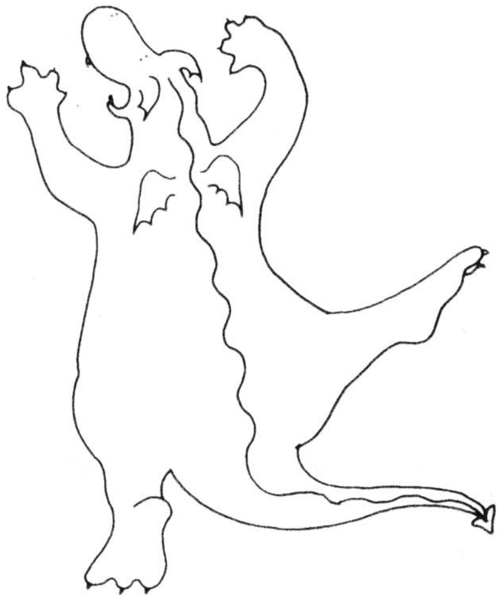

____

____

____

____

____

____

____

9-3 ¡Ay, me siento tan triste! Los sentimientos son muy complicados y variados. Nos enamoramos, nos enojamos, nos cansamos y nos ponemos contentos y tristes. ¿Cómo te sentirías en las siguientes situaciones y qué harías como consecuencia de ello?

Expresiones útiles para expresar sentimientos y emociones

Estoy agotado(a).	*I'm exhausted/drained.*
angustiado(a).	*anguished/extremely worried.*
asombrado(a).	*astonished, amazed.*
avergonzado(a).	*ashamed.*
contento(a).	*contented/happy.*
enamorado(a).	*in love.*
encantado(a).	*thrilled.*
enojado(a)/enfadado(a).	*angry.*
furioso(a).	*furious.*
preocupado(a).	*worried.*
sorprendido(a).	*surprised.*
tranquilo(a).	*calm.*
triste.	*sad.*
Me siento ansioso(a).	*I feel anxious.*
atrapado(a).	*trapped.*
bendecido(a).	*blessed.*
deprimido(a).	*depressed.*
descorazonado(a).	*disheartened.*
desilusionado(a).	*disillusioned.*
dichoso(a)	*delighted.*
engañado(a).	*deceived.*
indiferente.	*indifferent.*
inseguro(a).	*insecure/unsure.*
insignificante.	*insignificant.*
paralizado(a).	*paralyzed.*
muy solo(a)/solitario(a).	*alone/lonely/lonesome.*
suertudo(a).	*lucky.*
tenso(a).	*tense.*
valiente.	*brave.*
Tengo miedo.	*I'm afraid.*
ira.	*I'm angry.*
ganas de...	*I feel like . . . (+infinitive).*

1. Hoy tienes un examen muy importante y difícil.

Me siento/Tengo ____

y voy a ____

2. Te dicen que tu novio(a) salió con otra persona el sábado pasado.

   Me siento/Estoy ______________________________

   y voy a ______________________________ .

3. Tu mejor amigo(a) acaba de anunciarte que va a casarse pronto.

   ¡ ______________________________ !

   Ojalá que ______________________________

4. Tu tía te regaló un coche nuevo para tu cumpleaños.

   Me siento/Estoy ______________________________

   y voy a ______________________________ .

5. Un coche ha atropellado a tu perro, y el pobrecito está en el hospital veterinario.

   ¡ ______________________________ !

   Tengo que ______________________________ .

6. Tus supuestos amigos están chismeando en contra de ti, diciendo que eres alcohólico(a).

   Estoy ______________________________

   y voy a ______________________________ .

7. (Inventa otra situación y pídele a un(a) compañero(a) que reaccione.)

   ____

   ____

9-4 Las cinco emociones básicas Según la psicóloga madrileña Inmaculada García Sandonís, es vital para nuestra salud que gritemos, lloremos, riamos —que expresemos las emociones— pero que no exageremos. Lee las siguientes descripciones de las cinco emociones básicas. Luego, conversa con un grupo de compañeros:

1. Colaborando entre todos, preparen un resumen de lo que dice el artículo sobre cada emoción.

2. Hablen sobre las siguientes preguntas: ¿Cómo expresan ustedes cada emoción en su vida diaria? ¿En qué situaciones es aceptable/inaceptable expresar abiertamente cada emoción?

Si a un(a) amigo(a) le es difícil expresar cualquier emoción, ¿qué consejos pueden darle para que aprenda a "dar rienda suelta a sus sentimientos"?

Alegría

Estar alegre es sentirse lleno de energía, dinámico, abierto y receptivo. La alegría es signo de equilibrio entre el cuerpo, el corazón y la mente; es sentirse bien con uno mismo. Existen una serie de signos externos característicos de esta emoción como la sonrisa y la risa, la mirada amable, la expresión relajada del rostro... No hay que confundir la alegría con el estado de euforia que a veces se produce ante un estímulo externo y que solamente dura el tiempo que éste se mantiene presente.

CORDON PRESS

Disgusto

Esta emoción se produce cuando una situación, imagen, acción... nos resulta desagradable y carece de nuestra aprobación. El disgusto se puede identificar fácilmente por sus signos externos, ya que provoca una expresión común en todos los humanos: en la boca, el labio superior se adelanta, y la nariz se arruga. Nuestra cara muestra una reacción ante algo que nos desagrada.

Miedo

Bajo el efecto de esta emoción, la sangre fluye más rápido por el organismo para facilitar los movimientos de defensa que se tengan que hacer. Un estado de intranquilidad invade el cuerpo, la mente y el espíritu. Al mismo tiempo, el rostro se queda pálido y los poros de la piel se contraen. En un momento, el cuerpo y el cerebro se ponen en actitud de alerta a la espera de localizar el peligro que pueda acechar. La función primaria del miedo era la de asegurar la supervivencia de la especie humana.

Tristeza

No es sinónimo de depresión. La tristeza se produce ante determinadas vivencias, con un aumento de ciertas sustancias en el cerebro y una bajada del nivel de energía. El llanto en un momento de tristeza puede ser intenso, pero de corta duración. Las lágrimas pueden ayudar a liberar tensiones.

THE IMAGE BANK

Cólera

Entre sus síntomas orgánicos destacan: un aumento de la secreción de adrenalina en el organismo, un enrojecimiento de las mejillas y un mayor flujo de sangre a las manos. El principio de esta emoción es la defensa, aunque en su extremo puede llevarnos a un estado de ánimo de ira permanente, muy poco recomendable. Cuando una persona tiene sensación de cólera, sufre un enfado violento e irritación. En esas circunstancias es difícil lograr un completo dominio sobre uno mismo y sus acciones.

Escuchar y practicar

Track 9-1

CONVERSACIÓN 1: Felicidad, tristeza, preocupación y consolación

Antes de escuchar

9-5 ¡Qué emocionante! ¿Qué emoción expresan estas personas? Escoge la oración que corresponda a la persona de cada foto.

1.

2.

3.

4.

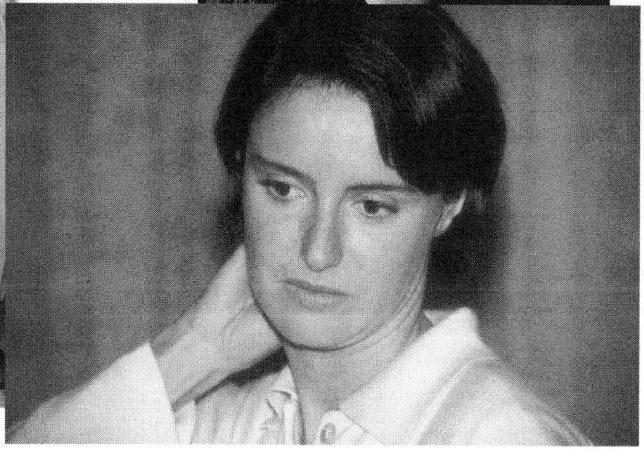

1. ____________
2. ____________
3. ____________
4. ____________

A. Uy, estoy agotado.

B. ¡Váyase! Déjeme en paz.

C. ¡No me digas! ¡Cuánto me alegro!

D. Ay, lo siento. No fue mi intención.

Escuchar

9-6 ¿Cómo se sienten? En la primera conversación tres amigos se encuentran en el Centro Estudiantil de la universidad durante la semana de los exámenes finales. Escucha la conversación y escribe en pocas palabras cómo se siente cada uno.

1. La primera joven: ______________________________

2. La segunda (Mercedes): ______________________________

3. El tercer joven: ______________________________

9-7 ¿Qué dijeron? Ahora, escucha la conversación otra vez fijándote en lo que dicen los jóvenes y termina el siguiente resumen de los puntos principales:

1. La primera joven está ______________ porque mañana es la ______________ y ya tiene su ______________ ______________.

2. La segunda mujer está ______________ porque su novio ______________ ______________ un año entero a ______________ a ______________. Ella no puede ______________ ______________ ______________ porque tiene que ______________. Se preocupa porque piensa que su novio puede encontrar ______________ ______________ allá.

3. El joven se siente ______________ porque hoy presentó el examen de ______________ para la ______________ de Medicina, y ______________. No puede volver a tomarlo hasta el año ______________.

4. En fin, para animarse un poco, deciden ir a ______________ algo para celebrar el ______________ de la primera joven.

9-8 ¿Cómo expresan...? Escucha la conversación otra vez y escribe las expresiones que usan...

1. para expresar felicidad: ______________________________

   ____

   ____

   para responder: ______________________________

   ____

2. para expresar tristeza: ______________________________

   para responder: ______________________________

   ____

3. para expresar preocupación: ______________________________

   ____

   para responder: ______________________________

Después de escuchar

9-9 ¡No me digas! ¿Qué se puede decir en las siguientes circunstancias? En grupos de tres o cuatro estudiantes, piensen en la situación y en los sentimientos de las personas y denle tantas respuestas, como puedan. Apunta las más útiles.

Ejemplo:

Tu mejor amigo(a) está muy contento(a). Acaba de decirte que se va a casar pronto.

Respuestas serias:

¡Magnífico!	*Wonderful!*	**Mucha suerte, amigo(a).**	*Good luck, friend.*
¡Cuánto me alegro!	*I'm so glad!*	**Que sean muy felices.**	*I hope you will be very happy.*

Respuestas chistosas:

¡No me digas! ¿Cómo es posible?	*Don't tell me! How is it possible?*	**Es increíble que pienses hacer algo tan tonto.**	*It's unbelievable that you're thinking of doing something so stupid/silly.*
¡Qué lástima, chico(a)!	*That's too bad, fellow/ girl!*		
Qué bueno que seas tú y no yo.	*It's a good thing it's you and not me.*		

1. Hace mucho tiempo que tu amiga quiere estudiar en el extranjero. Acaba de recibir una carta de sus padres con la buena noticia de que le van a dar el dinero para pasar un año en España.

____

____

____

2. Tu amigo se va dentro de una semana a estudiar en México. Quiere ir, pero también se da cuenta de que va a echar de menos a sus amigos. También, está nervioso porque no sabe lo que le va a pasar allí.

____

____

____

3. Hace muchos meses que tus padres están muy preocupados porque tu hermano y su esposa pensaban divorciarse. Hoy tus padres están más contentos. Ya se han reconciliado y no van a divorciarse.

____

____

____

4. Tu amigo piensa que es muy afortunado. Tiene muchos amigos, sabe lo que quiere hacer después de graduarse, ya tiene empleo y tiene una novia que lo adora.

____

____

____

5. Tu amiga acaba de recibir una llamada telefónica en la que le dijeron que su papá está gravemente enfermo, precisamente durante la semana de los exámenes. Ella tiene que ir inmediatamente a su casa en otro estado.

____

____

____

Track 9-2

CONVERSACIÓN 2: Tranquilízate, todo saldrá bien.

Antes de escuchar

9-10 ¿Cuándo se enojan tú y tus compañeros? Con dos estudiantes, conversen sobre las situaciones que los hacen enojarse más. Comiencen por terminar la siguiente oración:

Yo me enojo más cuando ______________________________

9-11 ¿Qué piensan los compañeros de la puntualidad? Entrevista a dos o tres compañeros sobre la importancia de llegar a tiempo. Comparen sus opiniones sobre las siguientes situaciones.

1. Un amigo los ha invitado a cenar en su casa a las siete y media. Ya son las siete y cuarenta y todavía Melisa no aparece. No pueden empezar a comer hasta que llegue Melisa. ¿Cómo se sienten?
2. Ustedes van al campo hoy con unos amigos. Jorge quedó en pasar por todos en su coche a las ocho de la mañana. Ya son las nueve y todos siguen esperándolo. ¿Se sienten enfadados? (¿Y si Jorge llega a tu casa a las diez y media?)
3. Cada vez que tienen un compromiso, María Eugenia llega tarde. Esta vez han organizado una excursión a un lago para hacer esqui acuático. Todos quedaron en encontrarse en tu casa a las nueve de la mañana para viajar juntos. Son las ocho y media y María Eugenia ya llegó. Tú todavía estás desayunando y no te has bañado. ¿Cómo reaccionas?

Escuchar

9-12 ¡Siempre llega tarde! Tres amigos quieren ir al cine esta noche. Uno llega tarde. Escucha la segunda conversación y contesta las siguientes preguntas.

1. ¿Quién llega tarde? ____________________
2. ¿Cómo se sienten los otros dos amigos?
   ____
   ____
3. ¿Qué excusa les ofrece Jorge?
   ____
   ____
4. ¿Qué solución propone la amiga? ____________________
   ____

9-13 **¿Qué dijeron?** Escucha la conversación otra vez y llena los espacios en blanco.

Gerardo: Carmen, mira la ____________________ que es y Jorge, como de ____________________, no ha ____________________. Vamos a perder la ____________________.

Carmen: No te impacientes. Él está retrasado pero ____________________ ____________________ de que va a llegar.

Jorge: Buenas... eh, buenas. ¿Ya compraron los ____________________?

Carmen: No, te estábamos ____________________.

Gerardo: Oye, ¿qué horas de llegar son ____________________? Creo que ya, tú ____________________ que a mí no me ____________________ entrar a la ____________________ tarde.

Jorge: Eh, lo, lo ____________________, ¡qué ____________________ con ustedes! Pero es que no se ____________________ lo congestionado que estaba el ____________________.

Carmen: Ah, ____________________ con disculpas. Desde que se inventaron las ____________________, todo el mundo queda bien.

Jorge: Bueno, bueno, ya ustedes me ____________________. Esto todo es parte del ____________________.

Carmen: Bueno, no ____________________ más. Decidamos qué vamos a hacer. Son las ____________________ y ____________________. Ya no podemos ver esta película. ¿Por qué no vamos aquí al ____________________ de al lado?

Gerardo: No sé. Cenamos y luego ____________________ la función de las nueve.

Jorge: Me ____________________ moy bien.

Gerardo: Bueno, está bien. ¿Qué se puede hacer? No nos ____________________ más ____________________.

Carmen: No, pero, sigues ____________________ tú, ¿no es cierto? Tranquilízate, yo creo que vamos a ____________________ esta cena.

Gerardo: Ya se ____________________ ____________________.

Carmen: Así lo ____________________.

9-14 ¿Cómo dijeron...? ¿Cómo expresaron los jóvenes en español las siguientes expresiones en inglés?

1. We're going to miss the movie.
2. Don't be impatient.
3. Is this any time to be arriving?
4. I'm sorry to have done this to you.
5. You can't imagine how congested the traffic was!
6. You always have excuses!
7. Okay, let's not fight any more.
8. It's okay with me.
9. I'll get over it.

Después de escuchar

Expresiones útiles para expresar enfado

¡Por Dios!	*For goodness' sake!*
No puedo más. / **Ya no aguanto.**	*I can't take it any more.*
Eso me enfada muchísimo.	*That really makes me mad.*
Me enfado cuando me hablan así.	*I get annoyed when they talk to me that way.*
Me molesta que hagan eso.	*It bothers me that they do that.*
¡Qué ira! / **¡Qué colera!**	*How infuriating!*
Me pone negro(a).	*It drives me crazy (with anger).*
Me da rabia.	*It makes me furious.*

Expresiones útiles para expresar disgusto

Eso me cae muy mal.	*That really strikes me wrong.*
¡Ay de mí!	*Oh, my!*
Siempre me pasa lo mismo.	*It's always the same thing.*
¿Qué voy a hacer?	*What am I going to do?*
Esto no puede ser.	*This just can't be.*
Siempre con disculpas.	*Always making excuses.*

9-15 ¡Eso me da tanta rabia! ¿Tú te enojas fácilmente? ¿Qué situaciones te enfadan? Dile a un(a) compañero(a) cómo te sientes en los casos 1, 3 y 5, y él (ella) debe responder con una expresión adecuada. Cambien de papel para los números 2 y 4.

1. Compraste un secador de pelo que no funciona. Quisiste devolverlo pero el gerente del almacén no te devolvió el dinero. Dijo que el aparato funcionaba cuando lo compraste.

   Cliente: ______________________________

   Amigo(a): ______________________________

2. Tienes mucha prisa para llegar al trabajo, pero el tráfico está muy congestionado. Un señor de ochenta años conduce muy lentamente delante de ti y no puedes pasarlo.

   El (La) que maneja el coche: ______________________________

   Amigo(a): ______________________________

3. Tuviste un accidente con tu motocicleta la semana pasada y estabas en el hospital cuando había un examen en tu clase de historia. Le has pedido al (a la) profesor(a) que te dé otra oportunidad de tomar el examen, pero él (ella) te dice que no.

   Estudiante: ______________________________

   Amigo(a): ______________________________

4. Hace dos meses que un(a) amigo(a) te pidió que le prestaras mucho dinero para una emergencia. Te prometió que te lo devolvería dentro de ocho días, pero todavía no te ha dado ni un centavo, y no te lo menciona siquiera.

   El (La) que prestó el dinero: ______________________________

   Amigo(a): ______________________________

5. El sábado pasado tuviste que viajar a otra ciudad con el equipo de vólibol, y esa misma noche tu novio(a) salió con tu mejor amigo(a).

   Jugador(a) de vólibol: ______________________________

   Amigo(a): ______________________________

9-16 Te voy a contar lo que me pasó una vez Piensa en algo muy irritante/desagradable que te sucedió una vez y cuéntaselo a algunos(as) compañeros(as). Ellos te dirán lo que piensan.

Track 9-3

CONVERSACIÓN 3: ¡Nos encanta la música!

Antes de escuchar

Palabras útiles para hablar de la música

el compás	*time*
el tono	*tone, pitch*
el concierto	*concert*
la melodía	*melody*
el disco compacto	*CD*
el álbum	*album*
grabar	*to record*
las entradas / **los boletos**	*tickets*
el sonido	*sound*
el ritmo	*rhythm*
la letra	*the words/lyrics*
la comedia musical	*musical*
el conjunto musical	*musical group/band*
el altavoz	*loudspeaker*
el paso de baile	*dance step*
la pista de baile	*dance floor*

9-17 La música que me gusta Con tus compañeros de clase, hablen de sus gustos musicales. ¿Qué clase de música escuchas? ¿Qué clase no escuchas? ¿Cuándo escuchas música? ¿Para qué la escuchas?

clásica	acústica	religiosa
instrumental	popular	rock
amplificada bailable	vocal	jazz
folklórica	flamenco	de Navidad (villancico)

1. ¿Cuál es tu música favorita?

____

2. ¿Cuál es tu cantante favorito(a)?

____

3. ¿Cuál es tu conjunto favorito?

____

4. ¿Quién es tu músico(a) favorito(a)?

____

9-18 ¿Por qué? Piensa en la música que te gusta y en la que no te gusta. ¿Cuáles son las razones para que te guste o no cada clase de música? ¿Cómo te sientes al escuchar la música? Explica el porqué de tus gustos.

Escuchar

9-19 ¿Qué les gusta? Está claro que a todo el mundo no le gusta el mismo tipo de música. Escucha la conversación, fijándote en la música que les gusta a los dos amigos.

1. ¿Qué música le gusta al primero?

____

2. ¿Qué música prefiere el segundo?

____

9-20 Tipos musicales ¿Es verdad que hay cierta clase de personas que escuchan música clásica y otras que escuchan música contemporánea? ¿Cómo son estos dos tipos de personas? ¿Cómo son los amigos de esta conversación? ¿Qué piensas de cada uno? ¿Cómo influyen tus gustos en lo que piensas de ellos?

9-21 ¿La música clásica o la música popular? En la siguiente lista de características de la música, escribe *música clásica* o *música popular,* según tu propia opinión.

1. le hace a uno(a) más completo(a) ______________________
2. le hierve la sangre a uno(a) ______________________
3. llena los estadios ______________________
4. da sueño ______________________
5. es más universal ______________________
6. mueve las masas ______________________
7. suena aburrida ______________________
8. está escrita por los mejores compositures musicales ______________________
9. ¿? ______________________

9-22 ¿De acuerdo o en desacuerdo? Escucha la conversación otra vez, escribiendo las primeras palabras que dice cada amigo cada vez que habla. Después, escribe 'acuerdo' si esta palabras revelan que está de acuerdo con su amigo. Escribe 'desacuerdo' si revelan que no está en acuerdo. (El número entre paréntesis indica el número de palabras que debes escribir.)

1. (3) Oye, nada más ____________ acuerdo/desacuerdo ____________
2. (5) ____________ ____________
3. (2) ____________ ____________
4. (3) ____________ ____________
5. (7) ____________ ____________
6. (4) ____________ ____________
7. (3) ____________ ____________
8. (6) ____________ ____________
9. (7) ____________ ____________

9-23 ¿Qué significan? Explica el significado de las siguientes palabras y frases.

1. soy muy aficionado(a) a ____________
2. tiene su propósito ____________
3. sin embargo ____________
4. tiene mucho que ver ____________
5. de todos modos ____________
6. no estoy en contra ____________

Después de escuchar

Expresiones útiles para expresar acuerdo

Estoy de acuerdo.	*I agree.*
Tiene(s) razón.	*You're right.*
Es verdad. (Es cierto.)	*It's true.*
Además, es...	*Besides, it's . . .*
También, es...	*Also, it's . . .*
Sin duda (alguna).	*Without a (any) doubt.*
Claro que sí (no).	*Of course (not).*

Expresiones útiles para expresar desacuerdo

De ninguna manera.	*Absolutely not. (No way.)*
No estoy de acuerdo.	*I don't agree.*
Tú te equivocas.	*You're mistaken.*
No tienes razón.	*You're wrong.*
Estoy en contra de eso.	*I'm against that.*
Al contrario,...	*On the contrary, . . .*
Por otra parte (otro lado),...	*On the other hand, . . .*
Sin embargo, prefiero...	*However, I prefer . . .*
Yo diría que eso no importa.	*I would say that that doesn't matter.*
No es verdad (cierto).	*It's not true.*
¡Tonterías!	*Foolishness! (That's dumb!)*
Sí, pero...	*Yes, but . . .*
No es así.	*That's not the way it is.*

9-24 Los gustos musicales ¿De qué cantantes tienes discos compactos? ¿Qué música escuchas más? ¿Cuál te parece mejor? Discute con toda la clase sobre tus gustos musicales. ¿A quiénes les gusta la música contemporánea? ¿La clásica? ¿Quién es la (el) cantante más popular? ¿Cuál es el conjunto que les gusta más? Siéntate con los otros estudiantes que están de acuerdo contigo; preparen una presentación sobre su música favorita, en la que traten de convencer a los demás de su gusto.

9-25 ¿Cómo te hace sentir la música? Prepara una encuesta para un grupo de cinco o seis de tus compañeros de clase sobre cómo se sienten al oír los distintos tipos de música. Hazles preguntas sobre las categorías de música (clásica, rock, etc.), los cantantes, los conjuntos y los músicos. (Para esta actividad pueden usar la lista de vocabulario que se encuentra con la Actividad 9-3.) Toma apuntes y luego compara tus resultados con los de otros grupos.

Ejemplos de las preguntas que puedes hacer
¿Qué música te gusta? ¿Cómo te sientes cuando escuchas esa música?
¿Cuál es tu cantante favorito(a)? ¿Cómo te sientes al escuchar a (Shakira)?

Música, Músicos, etc.	Como se sienten
(ejemplo: Música andina/de los Andes)	Jennifer se siente nostálgica.

Situaciones

9-26 Dígalo con mímica Vamos a jugar a mímica hoy en clase. Imagínate una escena en la que se expresa un sentimiento. Piensa en las acciones y en las expresiones faciales adecuadas para representar cada sentimiento.

En clase, los otros compañeros van a:

1. presenciar tu actuación
2. adivinar el tipo de sentimiento que estás representando
3. decir algo adecuado para responderte a ti y a la situación en que finges estar.

ejemplo:
Alguien representa a un(a) niño(a) que llora. Un miembro de la clase adivina que es un(a) niño(a) que llora. Una persona dice: —Cálmate, niño(a). No llores.

9-27 ¡De película! ¿Qué películas has visto que traten de la amistad o del amor? ¿Hay una que te haya gustado más que las otras? Cuéntales la trama de la película a dos o tres compañeros de clase. No la leas; puedes tomar apuntes. Luego, comparen las películas.

Apuntes: ____

____

____

____

____

____

____

9-28 Escenas Con otro(a) estudiante, escojan una de las siguientes escenas y hagan los papeles indicados. Preséntenle su conversación a un grupo de sus compañeros.

1. **Dos novios** Uno(a) ha decidido que ya no quiere que sean novios y se lo explica al (a la) otro(a), quien reacciona con mucha emoción.
2. **Dos amigos inseparables** Uno(a) le anuncia al (a la) otro(a) que se va a casar pronto. El (La) otro(a) sabe que va a echar de menos terriblemente a su querido(a) amigo(a).
3. **Un(a) estudiante y su papá o mamá** El (La) estudiante decide ingresar al Cuerpo de Paz (*Peace Corps*) después de la graduación. El papá (La mamá) lo (la) felicita, pero también se preocupa por su hijo(a) y va a echarlo(a) de menos.
4. **Dos estudiantes** Uno(a) acaba de oír que el (la) profesor(a) de español se ha casado el sábado anterior. Están muy sorprendidos.
5. **Dos estudiantes que viven en una residencia estudiantil** Uno(a) le dice al (a la) otro(a) que su compañero(a) de cuarto cometió un delito y está en la cárcel.

Fuera de clase

9-29 Melodramas Mira con atención un episodio completo de una telenovela en español y en cada escena describe lo siguiente:

1. qué personas aparecen y cómo son las relaciones entre ellas

____

____

____

2. los principales sentimientos expresados

____

____

____

3. cómo expresan los sentimientos en sus palabras y acciones

____

____

____

____

____

En clase, busca a los compañeros que vieron la misma telenovela y comparen sus impresiones.

9-30 Buscar amor en el Internet Los seres humanos buscamos el amor en todas partes. Ahora tenemos una herramienta útil para buscarlo a distancia: el Internet. ¿Es buena idea buscar una pareja allí? ¿Es peligroso? Las parejas que se conocen por medio de el Internet, ¿siguen juntas, o fracasan? ¿Le recomendarías a tu mejor amigo(a) que buscara pareja de esta manera?

1. Lee el siguiente artículo antes de contestar estas preguntas.
2. Después de leer el artículo, habla sobre las preguntas con un grupo de compañeros, y luego investiguen acerca de algunos sitios cibernéticos que utilizan otras personas para buscar pareja. ¿De qué temas conversan? ¿Qué lenguaje utilizan? ¿Parecen ser sinceros y confiables?

Atrapados **en la red**

Nada de citas a ciegas ni salidas forzadas para buscar el amor. El Internet te ofrece la posiblidad de hallar a tu media naranja desde la comodidad de tu casa

El desengaño amoroso que Diana Godoy vivió con su primer novio, le quitó las ganas de saber de hombres por un buen tiempo. Lo que no se imaginaba es que estaba a punto de encontrar a su príncipe azul de la forma más inesperada. "Mi compañera de estudios me preguntó por qué no me inscribía en una de esas páginas de amor de Internet. Pero yo le dije que no servía para eso". Esta colombiana, que en ese momento residía en Cali, estaba equivocada. Su amiga no sólo la inscribió, sino que hizo una descripción tan maravillosa de Godoy que terminaría recibiendo cientos de correos electrónicos cada día. "Uno de ellos me llamó especialmente la atención". Se refiere al escrito por Orlando Godoy, su esposo en la actualidad, con el que vive en Nueva York y con quien se comprometió en su primer encuentro en la romántica isla de San Andrés, Colombia. "Nos casamos un día de San Valentín", recuerda Godoy, hoy agradecida al Internet por toda la dicha que trajo a su vida. "Ya llevamos un año felizmente casados, tenemos una bebé, Jeanne Gabrielle, y estamos más enamorados que nunca".

Al igual que esta colombiana son muchas las personas que se han sumado a la nueva moda de buscar pareja a través de las múltiples páginas casamenteras en la Red. Sin embargo, no todo el mundo es igual, y para la terapista familiar y de parejas Daisy Navarro, quienes se deciden a hacerlo poseen unas características comunes. "Unos lo hacen porque temen al rechazo al haber fracasado en sus relaciones anteriores y tienen esperanza de encontrar seguridad y anonimato con esta relación cibernética". Otros, según Navarro, lo hacen debido a su timidez y, sobre todo, al ritmo de vida tan agitado que vivimos hoy en día. "Hay quienes por razones de trabajo no disponen de tiempo y acuden al Internet como el vehículo más conveniente para conocer gente", añade Navarro.

Entre las muchísimas páginas a las que se puede recurrir

JOHN LAMB/IMAGE BANK/GETTY IMAGES

está www.teamo.com, un website internacional en inglés y español que te ofrece la posibilidad de rehacer tu vida sentimental además de hacer amigos. "Es una alternativa distinta a lo que es habitual que funciona", explica Marta Pérez, directora de contenido de la página. "Lo importante es tener claro lo que deseas en una pareja. A partir de ahí, debes decidir de qué edad prefieres a la persona, su lugar de residencia y ver los anuncios con las características que los describen e incluyen su carácter y aficiones", sigue Pérez.

Aunque estos datos te ayudarán a descubrir si tienen cosas en común y si son compatibles, para Navarro la realidad a veces puede ser más cruda de lo que esperamos. "Los romances en el Internet tienen un riesgo mayor de fomentar fantasías románticas al inicio de la relación [por eso] es importante que con el tiempo se traten de reemplazar con ideas y expectativas más realistas para que triunfen", aclara Navarro. "Tampoco se sorprendan si después del compromiso, la persona que encontró por Internet se vuelve frío, temeroso a la intimidad emocional y con ganas de escapar en busca de nuevas relaciones", añade la experta, quien ha visto en sus consultas que el porcentaje de matrimonios que fracasan por infidelidades en la Red aumenta cada día más.

Ya sea por medio de una agencia, una computadora o de la forma tradicional, cualquier tipo de relación siempre va a contar con una serie de riesgos que vamos a tener que afrontar. Lo que hay que hacer, según Navarro, es ser realistas, conocer bien a la persona antes de dar cualquier paso y dejar claro qué esperan de esa relación. "Después de la etapa inicial, las parejas que se conocen por Internet, enfrentan los mismo retos que las que se conocen de manera tradicional", concluye la terapista cubana. "Tener claro quiénes somos y hacia dónde vamos, nos va a ayudar a que nuestra relación sea exitosa". ■

POR TERESA ARANGUEZ

PEOPLE EN ESPAÑOL | 127

3. Escriban unos consejos para evitar engaños si se utilizan estas vías para encontrar pareja. (Por ejemplo, ¿qué datos personales se deben intercambiar, y cuándo? ¿Cómo deben tener su primera cita en persona? ¿Se debe conocer a más de una persona, para hacer comparaciones, o es aconsejable relacionarse con sólo una persona por vez? ¿Son igualmente confiables y seguras todas las páginas de la Red?)

9-31 A escribir Escoja una de las siguientes actividades.

1. Inventa una tarjeta de amor o de amistad en español; que el mensaje sea tan largo y romántico como el de la primera tarjeta de este capítulo.

2. Escribe una carta en la que le pidas consejos a la consejera de una columna en el periódico, para algún problema emocional que tengas o que quieras inventar. Explica la situación y cuáles son tus sentimientos.

3. Escribe un ensayo de una a dos hojas sobre la amistad. ¿Por qué es tan importante la amistad? ¿Qué tipo de persona es el (la) amigo(a) ideal? ¿De qué manera influyen las amistades en la vida de uno(a)?

4. En una o dos hojas, describe tu esposo(a) ideal. ¿Qué aspecto físico debe tener? ¿Qué cualidades especiales? ¿Cómo quieres que te trate? ¿Cómo lo (la) tratarías tú?

Vocabulario

Palabras y expresiones que quiero recordar

CAPÍTULO

10

Managing a Discussion

En fin, creo...

Introducción

La vida en el extranjero

10-1 ¡A conversar! Después de haber estudiado todos los capítulos anteriores de este libro, sabes que hay varias reglas para manejar una conversación. ¿Qué regla crees que sigue el chico aquí?

¿Por qué les pide a los otros que se callen? ¿Has sentido lo mismo a veces?

10-2 Cómo mantener una conversación El tema de este capítulo es cómo participar en una conversación. En realidad, es un resumen de todos los temas de los capítulos anteriores. Para conversar con otros, uno tiene que empezar y terminar conversaciones; empezar y desarrollar temas; describir; pedir y dar informes; planear y organizar; relatar y escuchar; expresar deseos y quejas; dar y recibir consejos; expresar sentimientos; expresar y responder a opiniones; discutir y defenderse; así como ayudar a los demás a entender y a expresarse. Durante una conversación nadie debe distraerse. Todos los participantes, los que escuchan así como los que hablan, tienen un papel importante en el intercambio de ideas.

Escuchar y practicar

Track 10-1

CONVERSACIÓN 1: Cómo me siento viviendo en los Estados Unidos

Antes de escuchar

10-3 ¿Qué les gustó y qué les disgustó? Casi todos ustedes han pasado un tiempo fuera de su casa, visitando o a parientes o a amigos. Muchos, también, se han ido a vivir a otro estado o a otra ciudad. Otros han viajado por el extranjero. Con tus compañeros de clase, hablen de lo siguiente:

1. ¿Qué echaste de menos durante ese tiempo?
2. ¿Qué te llamó más la atención?
3. ¿Cómo te sentiste?
4. ¿Qué opinas de las mudanzas?
5. ¿Qué te parece la idea de vivir en el extranjero?
6. ???

10-4 Lejos de tu casa Piensa en una visita, en un viaje al extranjero, o en una mudanza.

¿Cómo te sentiste en esas ocasiones? Los jóvenes que hablan en la primera conversación comparten muchos de estos sentimientos.

Escuchar

10-5 ¿Cómo se sienten? Escucha la primera conversación en la que un grupo de estudiantes hispanoamericanos que vive en los Estados Unidos conversa sobre la vida de acá. Escucha a los jóvenes hispánicos hablar de la vida norteamericana. Mientras escuchas, fíjate en cómo se sienten y en cómo responden a la vida norteamericana.

1. Escribe algunas frases que revelen sus sentimientos.

____

____

____

2. Escoge algunas cosas de los Estados Unidos que sean distintas de las de su país.

____

____

____

10-6 ¿Qué opinas? ¿Qué opinas de sus sentimientos y reacciones? ¿Son de esperar? ¿En qué son semejantes o diferentes a los tuyos cuando te encontrabas en un lugar extraño? ¿Prefieres tú lo familiar o lo nuevo?

10-7 Escucha Escucha otra vez la conversación fijándote en la información que necesitas para responder a las siguientes preguntas.

1. ¿Qué echan de menos esos jóvenes?

____

2. ¿Es fácil o difícil acostumbrarse a vivir en otro país?

____

3. ¿Cuándo es más difícil?

____

4. ¿Es verdad que se encierra la gente de los Estados Unidos? ¿Por qué sí o no?

____

5. ¿Cómo influye el clima en las amistades, según los estudiantes?

____

6. ¿Cómo son los norteamericanos según ellos?

____

7. ¿Qué les parecen las fiestas norteamericanas?

____

10-8 ¿Qué más? Escucha una vez más la conversación, prestando atención a cómo se va desarrollando.

1. ¿Qué dice la primera estudiante para empezar el tema y preguntar cómo se sienten sus amigos?

____

____

2. ¿Qué expresiones usan sus amigos para responder?

____

____

3. Cuando un estudiante habla de la dificultad de acostumbrarse a la vida de aquí, ¿qué idea añade otro estudiante?

____

____

4. Luego, otro amigo habla de lo que hace la gente a causa del clima. ¿Qué hace?

____

____

5. En seguida, otro estudiante habla del efecto del clima en la gente. ¿Para qué no tiene tiempo la gente?

____

6. Después, otro habla de las amistades entre los norteamericanos. ¿Cómo son?

____

7. Para acabar, alguien habla de la influencia del clima en la manera de ser de la gente. ¿Cómo es el norteamericano?

____

8. En este momento alguien cambia el enfoque cuando dice que "ellos se relacionan social mente de una manera diferente". Contesta las preguntas, según su descripción.

a. ¿Qué hacen en las fiestas los norteamericanos?

____

____

____

____

b. ¿Qué hacen en las fiestas los hispánicos?

____

____

____

Después de escuchar

Expresiones útiles para contar una historia

Escuchen, les voy a contar algo muy chistoso.	*Listen. I'm going to tell you something really funny.*
Les voy a contar algo que nos pasó un día.	*I'm going to tell you something that happened to us one day.*
Una vez cuando...	*Once when . . .*
Fíjense que...	*Imagine that . . .*
No me van a creer.	*You're not going to believe me.*
Fue algo espantoso.	*It was really scary.*
Fue divertidísimo.	*It was great fun.*
Y entonces lo (la) vi.	*And then I saw him (her).*

Expresiones útiles para reaccionar

¿Sí? Es increíble.	*Really? That's incredible.*
¡No me digas!	*You don't say.*
¡Ay, no!	*Oh, no!*
Pero no me vayas a decir que...	*But you're not going to tell me that . . .*
No, no lo creo.	*No, I don't believe it.*
Y ¿qué pasó después?	*And what happened afterwards?*

Expresiones útiles para conversar en una fiesta

¡Qué gusto de verte!	*How nice to see you!*
Hace mucho tiempo que no nos vemos.	*It's been a long time since we've seen each other.*
¡Cuánto tiempo sin verte!	*How long it's been since I've seen you!*
¡Mucho gusto de verte!	*Nice to see you!*
Quiere conocer a todos los que no conoce todavía.	*He (She) wants to meet all the people he (she) does not know yet.*
¡Oye! ¿Quién es ese(a) chico(a)?	*Say! Who is that guy (girl)?*
¿Has oído alguna vez música a un volumen tan alto?	*Have you ever heard music played so loudly?*
Está muy rico(a), ¿no?	*It's delicious, isn't it?*
¿Qué hay de nuevo?	*What's new?*
¿Qué tal?	*How are things?*
¿Qué te parece el conjunto?	*What do you think of this band?*
¡Qué fiesta más divertida!	*What a fun party!*

10-9 Las fiestas

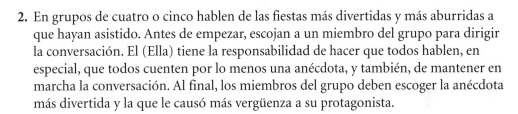

1. A algunos estudiantes les gusta dar fiestas y asistir a ellas. A otros les gusta asistir a algunas fiestas pero a otras, no. Y a algunos no les gusta asistir a ninguna fiesta.
   a. Piensa en las fiestas más divertidas a las que hayas asistido y haz una lista de lo que más te gustó.
   b. Piensa en las fiestas más aburridas a las que hayas asistido y haz una lista de lo que no te gustó.
   c. Prepárate para contar una anécdota sobre algo chistoso que te ocurrió en una fiesta.

2. En grupos de cuatro o cinco hablen de las fiestas más divertidas y más aburridas a que hayan asistido. Antes de empezar, escojan a un miembro del grupo para dirigir la conversación. El (Ella) tiene la responsabilidad de hacer que todos hablen, en especial, que todos cuenten por lo menos una anécdota, y también, de mantener en marcha la conversación. Al final, los miembros del grupo deben escoger la anécdota más divertida y la que le causó más vergüenza a su protagonista.

3. El líder de la conversación de cada grupo les contará a los demás estudiantes las dos anécdotas que fueron escogidas por los miembros de su grupo.

Track 10-2

CONVERSACIÓN 2: Lo bueno y lo malo

Antes de escuchar

10-10 Hay cosas buenas y cosas malas **A.** Hay muchos que critican la vida norteamericana y el sistema capitalista. Piensen ustedes en todas las críticas que hayan oído.

1. ¿Qué dicen los críticos norteamericanos?

2. ¿Qué piensas que dicen los críticos extranjeros?

3. ???

B. También, hay muchos que defienden nuestra forma de vida y nuestro sistema. Hagan un resumen de todos los aspectos buenos de nuestra forma de vida y de nuestro sistema.

1. ¿Qué dicen los defensores norteamericanos?

2. ¿Qué crees que dicen los defensores extranjeros?

3. ???

10-11 Quisiera cambiar Piensa en la vida norteamericana y en nuestro sistema; escoge los aspectos positivos y los aspectos que debemos cambiar. Estas ideas te ayudarán a comprender la conversación.

Aspectos positivos	Aspectos negativos
____________________	____________________
____________________	____________________
____________________	____________________
____________________	____________________

Escuchar

10-12 Lo bueno y lo malo Ahora, escucha la segunda conversación para averiguar lo que dicen los estudiantes. Trata de prestar atención a lo positivo y lo negativo de la vida norteamericana, según esos jóvenes hispánicos.

1. Escucha y apunta algunos de los aspectos positivos que les han llamado la atención. (No es necesario apuntarlos todos.)

____

____

____

____

____

____

____

____

10-13 ¿Y tú? ¿Qué piensas tú de lo que dicen? ¿Qué te sorprende? ¿Qué cosa no te sorprende?

10-14 ¿Una actitud común? ¿Qué te parece la actitud de los estudiantes de habla española? ¿Crees que es común esta actitud entre los hispánicos que vienen a los Estados Unidos a estudiar, a trabajar o a vivir? Los norteamericanos tienen distintos niveles sociales y económicos. ¿Qué les parecen los sentimientos de los extranjeros, sean turistas, estudiantes o inmigrantes?

10-15 ¿Qué dijeron? Escucha otra vez la conversación, fijándote en las palabras que se usan para describir lo positivo y lo negativo de la vida. Escríbelas a continuación.

Palabras que expresan algo favorable	**Palabras que expresan algo desfavorable**
____________________	____________________
____________________	____________________
____________________	____________________
____________________	____________________
____________________	____________________

10-16 ¿Qué dicen para...? Escucha la conversación una vez más, prestando atención a las expresiones que se usan para mantener en marcha la conversación. Hay algunas que se usan varias veces.

Después de escuchar

Expresiones útiles para tomar parte en una conversación

Todos saben (creen) que...	*Everyone knows (believes) that . . .*
Se les conoce por...	*They are known for . . .*
Así es.	*That's the way it is.*
No es así.	*It's not like that.*
¿Te parece que sí?	*Do you think so?*
¡No me digas!	*You don't say.*
¡Qué barbaridad!	*How ridiculous! What nonsense!*

10-17 Los estereotipos Es común en todos los países pensar en la otra gente según los estereotipos que existen en la sociedad. Estos estereotipos son regionales y sociales, así como nacionales. Por ejemplo, los Estados Unidos son un país grande y por eso hay diferencias regionales y sociales entre la gente.

1. A ver si tú piensas de esta manera.
   a. ¿Cómo es la gente de Tejas, de California, de tu estado?
   b. ¿Cómo es la gente del sur, del oeste?
   c. ¿Cómo es la gente de los Estados Unidos?
   d. ¿Cómo es la gente de Hispanoamérica?
   e. ¿Qué te parece? ¿Está bien o mal utilizar generalizaciones al pensar en la gente de otras clases, regiones y naciones?

2. Con tres o cuatro compañeros, hablen de los estereotipos del mundo norteamericano y del mundo hispánico.

3. Hagan una lista de los que les parezcan más comunes.

4. Compartan los estereotipos comunes que han encontrado en cada grupo. ¿Cuáles se deben cambiar? ¿Cuáles son inofensivos?
¿Cuáles tienen algo de verdad? ¿Hay algunos que sean completamente falsos? ¿Cuáles son los resultados de pensar basándose en estereotipos?

Track 10-3

CONVERSACIÓN 3: Lo que me gusta y no me gusta

Antes de escuchar

10-18 ¿Qué creen? Los estudiantes siguen hablando de lo que les gusta en los Estados Unidos y lo que les gusta en su propio país. Expresan una variedad de sentimientos. Según lo que saben ustedes de los Estados Unidos y de los países hispánicos, contesten las siguientes preguntas.

1. ¿Qué creen ustedes que les gusta o no les gusta a los hispánicos que estudian en nuestro país?

   a. Les gusta

   ____

   ____

   b. No les gusta

   ____

   ____

   c. No entienden

   ____

   ____

   d. No saben

   ____

   ____

   e. ???

   ____

   ____

2. ¿Qué creen que les gusta o no les gusta a los norteamericanos que estudian en Hispanoamérica?

a. Les gusta

____

____

b. No les gusta

____

____

c. No entienden

____

____

d. No saben

____

____

e. ???

____

____

Escuchar

10-19 ¿De qué hablan? Escucha la tercera conversación y anota los temas de que hablan.

____

____

____

____

10-20 ¿Qué palabras usaron? Escucha la conversación otra vez y completa las siguientes oraciones.

1. A mí me gusta, ______________________, a mí lo que me gusta ______________________, es que ______________________ a la mejor ______________________ le dan el ______________________. No depende de la ______________________ o de ______________________ uno ______________________, de quién es...
2. Sí, pero bueno, el sistema ______________________ de Estados Unidos, es ______________________ bueno. Y el sistema de ______________________, por ejemplo, también es un sistema que ______________________ bastante bien.
3. No pero, en ______________________ tenemos ______________________ de poder haber ______________________ dos culturas completamente diferentes. ¿No es ______________________?
4. Sí, yo pienso que las ______________________ son ______________________ en gran parte de... ese... de que los ______________________ no ______________________ más del mundo.
5. Bueno, pero yo creo que en ______________________ es porque aquí son auto ______________________... Aquí tienen de ______________________...

10-21 ¿Qué te parece? ¿Cómo sería tu vida si estuvieras estudiando en un país hispánico en vez de estar aquí? ¿Crees que te gustaría estudiar en el extranjero? ¿Por qué sí o no?

10-22 Más información Escucha la conversación de nuevo y contesta las siguientes preguntas.

1. ¿A quién le dan el trabajo en los Estados Unidos?

____

2. ¿Cómo es el sistema educativo?

____

3. ¿Cómo es el sistema de salud?

____

4. ¿Dónde está todo lo positivo?

____

5. ¿Qué pasa cuando alguien que está en el extranjero recibe una carta de su familia?

____

6. ¿Qué es difícil en el extranjero?

____

7. ¿De qué no saben nada los norteamericanos?

____

8. ¿Qué experimentan los estudiantes que estudian en otro país?

____

9. ¿Por qué los norteamericanos no se interesan por saber más del resto del mundo?

____

10. ¿Qué necesitan saber los norteamericanos?

____

10-23 En mi opinión... ¿Qué opinas de lo que dicen los estudiantes? ¿En qué tienen razón? ¿En qué no la tienen?

Después de escuchar

Expresiones útiles para iniciar y mantener una charla

¿Qué piensas del... ?	*What do you think of . . . ?*
¿Querrías decir algo?	*Would you like to say something?*
¿No te parece un tema importante?	*Don't you think it's an important topic?*
¿Cuál es tu reacción?	*What is your reaction?*
¿Qué opinas de una cosa así?	*What do you think about a matter like that?*
Es un tema de mucha controversia, pero se debe tratar.	*It's a very controversial matter, but it should be discussed.*
Pero, mira. No es eso. Es algo más profundo.	*But, look. It's not that. It's something more profound.*
Bueno, no discutamos.	*O.K. Let's not argue.*
Perdona, pero quisiera decir algo.	*Pardon me, but I would like to say something.*

10-24 El estudio en el extranjero

1. Prepárate para hablar de los estudios en el extranjero, pensando en las siguientes preguntas.
  a. ¿Quién lo hace?
  b. ¿Cuándo?
  c. ¿Por cuánto tiempo?
  d. ¿Para qué?
  e. ¿Dónde?
  f. ¿Cuáles son las ventajas de pasar un año o un semestre estudiando en otro país?
  g. ¿Cuáles son las desventajas?

2. Conversa con tres compañeros(as) de clase sobre las ventajas y desventajas de estudiar en el extranjero.
  a. Primero, hablen de lo que uno tiene que hacer para pasar un año o un semestre fuera del país.
  b. Luego, comenten sobre las ventajas de estudiar en otro país.
  c. ¿Cuáles son las desventajas?
  d. ¿Por qué te gustaría o no te gustaría estudiar en una universidad hispánica?

3. Comparen las opiniones de todos los grupos.
¿En qué están o no de acuerdo?

Situaciones

10-25 Te toca a ti Haz el papel de presentador(a) y moderador(a) en una conversación en la que intervenga toda la clase.

1. Lleva preparada de antemano a clase una corta presentación, de tres minutos, sobre algo que les interese a ti y a tus compañeros. (Para algunos lo más difícil de una tarea de este tipo es pensar en un tema. Sería buena idea pasar unos minutos en clase preparando una lista de temas adecuados e interesantes.) (Claro que se debe explicar el significado de cualquier palabra desconocida antes de hacer la presentación.)

2. Mientras hablas, los otros estudiantes deben anotar las ideas que se les ocurran para hacerte preguntas después, o para hablar sobre el tema.

3. Al terminar tu presentación, estarás a cargo de dirigir la conversación, de manera que todos participen. Todos deben estar preparados para hacer preguntas o comentarios sobre el tema presentado.

4. Ten preparadas algunas preguntas sobre lo que dijiste, en forma de examen, para que tus compañeros las contesten al final.

10-26 En busca de soluciones Formen grupos de cinco personas. Escojan uno de los temas que se encuentran a continuación, o escojan otro que les interese más. Anoten todas las soluciones que se les ocurran para el problema. Todos deben tratar de encontrar muchas soluciones. Cuando hayan terminado, hablen sobre sus ideas con el resto de la clase.

1. ¿Cómo podemos ayudar mejor a los pobres (a los adolescentes que están pensando en suicidarse, a los jóvenes que no pueden obtener empleo)?

2. ¿Cómo podemos costear nuestros estudios universitarios?

3. ¿Cómo podemos aumentar el número de buenos profesores?

10-27 Así son los famosos Con un(a) compañero(a) de clase, o más, preparen ustedes una presentación corta. Esta presentación trata de un encuentro entre dos, o más, personas famosas en una fiesta. Ustedes van a hacer el papel de las personas famosas. Traten de imitar las expresiones, la forma de ser y la conversación de estos personajes famosos.

Primero, tú y tu(s) compañeros(as) deben imaginarse que son ciertas personas famosas. Luego, tienen que preparar una conversación entre estos personajes famosos, empleando tantas expresiones del vocabulario de este capítulo como sea posible.

¡Que sean actores y actrices divertidos!

¡Luz! ¡Cámara! ¡Acción!

10-28 ¿Quieres salir esta noche? Formen grupos de cuatro estudiantes. Estás en tu cuarto con tres amigos que quieren salir juntos esta noche y están haciendo planes.

El (La) profesor(a) le dará a cada estudiante una tarjeta con la descripción de una persona. Imagínate durante la conversación que eres esa persona. Di lo que quieres hacer esta noche.

10-29 Una escena Tú vives en un pequeño pueblo de un área rural de Indiana. Como tus padres eres conservador(a). Actualmente, eres estudiante de intercambio. Todavía no estás acostumbrado(a) a la vida en el otro país, y tratas de no ofender a nadie. Vives con una familia hispánica en la que hay cinco personas: el abuelo, que se queja de todo; el padre, que es socialista y critica todo lo que hace el gobierno norteamericano; la madre, que sólo quiere estar segura de que te guste la comida; una hija, de dieciocho años que quiere saber todo sobre la vida en los Estados Unidos y un hijo de quince años, que ha visto todos los programas de Raymond. Todos quieren saber qué te gusta de su país. Todos están a la mesa cenando y conversando.

10-30 ¿Así es la sociedad? Lee los tres anuncios: uno que trata de una telenovela nueva, otro que trata de una campaña nueva, y otro que trata de un libro nuevo.

"¿Virginidad?, ¿anorexia?, ¿bulimia?, ¿embarazos no deseados?, ¿violencia y desintegración?, ¿drogas y alcohol?, ¿enfermedades venereas?, ¿sida?...

"Son sólo algunos de los probelmas que hoy en día enfrenta nuestra juventud y que serán abordados de manera 'por demás sorprendente' en una nueva telenovela,..."

"... la Unión Nacional de Padres de Familia (UNPF) ... lanzó la campaña 'Un día sin Televisa-Un día sin televisión", con lo cual se busca que los mexicanos no enciendan su televisor los lunes.

"La campaña de un día sin televisión de la UNPF ... será apoyada por 300 escuelas de la ciudad de México, y se espera que participen poco más de millón y medio de familias en toda la República ..."

'Guía Práctica de Buenas Costumbres Para Todos' es la nueva obra del Profesor José Reyes Oliva, 'la sociedad mexicana debe retornar todos los valores que le premiten vivir en paz y armonía. Hay valores como la justicia, orden, sinceridad, generosidad y honradez que no son cuestión de moda; el caos que ha ocasionado la falta de éstos han dado como consecuencia la violencia, mentira, traición y corrupción, generando una sociedad enferma que es preciso sanar retornando los valores que nunca debieron extraviarse, el bien debe renacer entre los niños, adolescentes y jóvenes, protegiéndolos del egoísmo, consumismo y del placer sin moral; ya antes nuestros abuelos han practicado las buenas costumbres con buenos resltados, habiéndonos educado con disciplina y amor."

¿Qué te parece cada anuncio? Explica tu reacción.

Fuera de clase

10-31 El Internet Navega por el Internet, buscando algunos "cuartos de charla". ¿Cuántos puedes encontrar? 1. Compara las expresiones de comunicación que se usan en el Internet con las de este libro. Alista las expresiones nuevas que usan. 2. ¿De qué hablan? Anota los temas principales y las ideas que tienen los participantes. 3. Dales a tus compañeros un resumen breve de las charlas.

10-32 ¡Ay, qué bueno! En general, a los hispánicos les gusta hablar. Les gusta ir a un restaurante y reunirse con sus amigos(as) para conversar. Estas reuniones se llaman "tertulias", palabra que se define en el diccionario como "reunión habitual de personas que se juntan para distraerse y conversar".

Organicen ustedes una tertulia (o una serie de tertulias) en algún restaurante sobre uno de los siguientes temas.

1. cine
2. literatura
3. deportes
4. televisión
5. música
6. viajes
7. estudios universitarios
8. política
9. otro tema que les interese

Escojan el tema de antemano y escojan a alguien para dirigir la conversación en cada mesa.

10-33 Para escribir Vuelve a leer los artículos de ejercicio 10-30, y escribe un editorial sobre uno de los tres.

Vocabulario

Palabras y expresiones que quiero recordar

Text Credits

p. 11, cartoon, United Media Licensing
p. 27, greeting card, PEANUTS reprinted by permission of United Feature Syndicate, Inc., and Hallmark Cards, Inc.
p. 57, ad, Forester Instituto Internacional
p. 63, "El tiempo vale oro," *Hombre Internacional* magazine, vol. 20, no. 1, January 1995, p. 27
p. 64, ad, Ericsson de Ecuador, C.A.
p. 66, *Excelsior,* March 31, 2002
p. 67, ads, Modern Schools; Springfield, Instituto Digital de Idiomas
p. 78, "Antonio Banderas, trabajador incansable," *Cristina, la revista,* year 13, no. 2, 2003
p. 89, cartoon, *El Diario* (Guadalajara, Mexico)
p. 99, ads, *El Tiempo* (Bogota, Colombia), 3 de febrero de 2002
p. 104, "Los seis C," adapted from *Cómo descubrir tu vocación,* Francisco d'Egremey A., Anaya Editores, S.A., Editora Mexicana de Periódicos, Libros y Revistas, S.A., pp. 92-97
p. 104, ad, *El Tiempo* (Bogota, Colombia), 3 de febrero de 2002
p. 107, cartoon, King Features Syndicate, Hearst Entertainment & Syndication Group
p. 107-108, "Fórmula de los ganadores," *Hombre Internacional* magazine, 1995, p. 26
p. 113, PEANUTS reprinted by permission of United Feature Syndicate, Inc.
p. 123, greeting card, Hallmark Cards, Inc.
p. 126-127, text adapted from pp. 128-130 of *Tests para conocer a los demás,* by Jane Serrod Singer, Editores Asociados Mexicanos, S.A. (Edamex)
p. 128, "Viajero precavido," *El Universal* (Mexico City, Mexico) October 13, 2002
p. 136, cartoon, King Features Syndicate, Hearst Entertainment & Syndication Group
p. 146, cartoon, King Features Syndicate, Hearst Entertainment & Syndication Group
p. 151, cartoon, *A mí no me grite,* Quipos ©, QUINO
p. 152, "Vida en condominio," *Contenido,* November 2002, p. 78
p. 157, "The dos and don'ts of complaining," Michelle Meyer, *Family Circle*
p. 165, TV schedule, *TV y más,* January 19-25, 2003, p. 52
p. 167, "Tips que debes tener en cuenta antes de comprar un automóvil," *Tú Internacional,* Editorial América, S.A.
p. 170, PEANUTS reprinted by permission of United Feature Syndicate, Inc.
p. 175, ads, Lasik, C.I. de los Andes, Clínica de Obesidad
p. 180, cartoon, King Features Syndicate, Hearst Entertainment & Syndication Group
p. 184, "Verduras con legumbres mejor que una pizza," *Mía magazine,* February 8, 1998
p. 188, TV schedule, *El Tiempo* (Bogota, Colombia), 3 de febrero de 2002
p. 189, Horoscope, Excelsior (Mexico City, Mexico) March 31, 2002
p. 193, greeting card, America Greetings Corporation
p. 194, poem with drawing of dragon, *El amor es un dragón,* Kathleen Keating, Javier Vergara Editor, S.A., p. 3
p. 197, description of five basic emotions, *Mía magazine,* January 11, 1998, pp. 54-55
p. 212, "Atrapados en la red," *People en Español,* May 2003, pp. 126-127
p. 231, articles, *Excelsior* (Mexico City, Mexico), March 3, 2002

Photo Credits

All images not otherwise credited are owned by © Heinle, a part of the Thomson Corporation.

p. 5 (top left), Network Productions/Index Stock Imagery
p. 5 (bottom left), Nathan Michaels/SuperStock
p. 91, Diaphor Agency/Index Stock Imagery
p.197 (top center), Stuart Westmorland/Index Stock Imagery
p.197 (top left), Henryk Kaiser/Index Stock Imagery